Imprimé en France par Brodard et Taupin
N° d'impression : 1339

Le rêve
et ses symboles

Sachez interpréter le langage
secret de votre sommeil

NERYS DEE

Le rêve
et ses symboles

Sachez interpréter le langage
secret de votre sommeil

Un voyage fascinant dans les profondeurs de notre âme.

Nous rêvons tous, mais savons-nous bien ce que nos rêves signifient ? À quoi servent-ils ? Que peuvent-ils nous apprendre ? Comment pouvons-nous les utiliser dans notre vie quotidienne ?

Ce livre comprend également des renseignements sur :

- la guérison par les rêves
- le symbolisme sexuel des rêves
- les rêves éveillés
- les cauchemars
- les messages des rêves
- les rêves créatifs
- les rêves prophétiques
- les théories freudiennes et jungiennes
- le "Top" des rêves
- les journaux de rêves
- les méthodes à suivre pour se souvenir de ses rêves

Sommaire

Les rêves à travers les âges

Les rêves n'ont cessé d'intriguer les hommes depuis l'aube de l'humanité et il s'est toujours trouvé des êtres humains pour les interpréter. Les Égyptiens eurent Joseph, les Grecs Platon; chaque légion romaine avait également son devin chargé de comprendre les visions nocturnes qui se glissaient dans les esprits des hommes endormis. À cette époque, il existait aussi des oracles et des temples où l'on pouvait se rendre pour consulter des prêtres dont les rêves prédisaient l'avenir. Certains hommes pratiquaient ainsi l'incubation des rêves" pour obtenir le soutien des dieux.

C'est dans la littérature mésopotamienne qu'on trouve l'un des plus vieux rêves jamais écrits, rêve qui, en l'occurrence, prédisait l'imminence d'un désastre. Le héros y décrivait un gigantesque raz-de-marée qui venait engloutir la majeure partie de la terre; un rêve très semblable au récit biblique du Déluge. On pense toutefois que le plus ancien des livres consacrés aux rêves est une compilation de rêves assyriens, babyloniens et égyptiens rédigée par un Grec du nom d'Artimédore; l'ouvrage, intitulé *Oneirocritica*, fut le seul d'importance consacré à ce sujet avant XIXe siècle, qui vit naître la 3e édition de la traduction en langue anglaise (le texte original était en grec). On connaît aussi une vieille prière hittite faisant appel aux pouvoirs occultes en ces termes : "Montre-moi en rêve, ou fais-moi découvrir par un prêtre ou une prêtresse inspiré des dieux tout ce que je leur demande."

Les cultures hébraïque, celte, grecque, arabe, indienne, chinoise, japonaise, française et russe témoignent toutes du rôle que les rêves jouaient jadis dans la vie des individus et dans le destin des peuples. Les religions, les philosophies, la littérature classique, l'histoire, la politique, la science et les arts doivent beaucoup plus au subtil pouvoir des rêves qu'on ne le pense généralement. D'un point de vue strictement individuel, on peut se demander ce que valent nos espoirs et nos amours s'ils ne se fondent pas sur la magie des rêves.

Lorsque l'on considère certains des rêves de l'humanité à travers les siècles, on voit clairement l'effet qu'ils ont eu sur l'histoire et sur notre mode de vie. Hommes de valeur ou hommes de peu, tous ont connu toutes les sortes possibles de rêves. Qu'ils aient été inventifs ou créatifs, prophétiques ou annonciateurs de désastres, nombreux sont les rêves qui ont obtenu droit de cité dans l'histoire de chacun des peuples de la terre. Certains d'entre eux, dont la clarté ne nécessitait aucune interprétation, ont mis en branle des séries d'événements dont les effets, qui se font encore sentir aujourd'hui, pourraient bien se faire sentir longtemps encore.

LES RÊVES CLASSIQUES

Nos ancêtres considéraient les rêves comme autant de messages des dieux; ils pensaient que Si ces êtres immortels ne descendaient plus sur terre pour leur rendre visite, ils n'en continuaient pas moins de les guider par l'intermédiaire des rêves. Les Assyriens, Babyloniens et Sumériens considéraient An-Za-Oar comme le dieu des rêves; ils pensaient qu'il régnait sur un royaume de profondeurs souterraines appelé la Grande Terre, où il entretenait une légion de collaborateurs dont le rôle était de transmettre ses messages aux hommes endormis.

Les Grecs croyaient que Zeus, le père des dieux, aidé de Morphée, le dieu du sommeil, leur faisait parvenir avertissements, prophéties et inspirations par l'intermédiaire d'Hermès, le messager au pied ailé. Les légendes abondent en récits décrivant ces visites que nous rappellent sans cesse, de nos jours encore, le langage du sommeil et les rêves qui nous sont envoyés par les dieux. Quand Hypnos nous fait doucement basculer dans les bras de Morphée, qui sait quelles révélations nous apporteront nos rêves et dans quelle lointaine contrée du globe nous partirons, portés par les ailes de nos talons, accompagnés par Hermès, notre guide astral ?

Homère raconte que Persée fit un rêve qui lui permit de tuer la redoutable Gorgone à la chevelure de serpents, dont le regard entraînait une mort immédiate. C'est Athéna, la déesse de la sagesse, qui lui apparut en rêve et qui lui montra comment polir son bouclier jusqu'à ce qu'il brille comme un miroir. Quand cela fut fait, il n'eut plus qu'à se battre en observant la Gorgone dans le reflet de son boucher, évitant ainsi son regard.

Quand la peste vint frapper l'armée grecque - en réponse, dit-on, à la colère d'Apollon - on convoqua une assemblée chargée de découvrir ce qui pouvait être fait et, dans L'Illade, Homère prête ces paroles à Achille: "Venez, interrogeons mante, prêtre ou interprète des rêves, car les rêves aussi viennent de Zeus, qui saura nous dire la cause de la divine colère d'Apollon, s'il a à se plaindre de prières ou d'hécatombes."

L'INCUBATION DES RÊVES

Les rêves et leur interprétation furent abondamment utilisés comme moyen de divination par les Grecs, mais aussi par d'autres peuples bien avant eux. Le but de ces rêves était de connaître les desseins des dieux et de recevoir les ordres divins. La quête de rêves invoquant les pouvoirs magiques des dieux porte le nom d'"incubation des rêves". Et même Si les méthodes pour atteindre ce but variaient, les principes de base, eux, étaient à peu près les mêmes dans tout le monde antique. L'incubation s'effectue en dormant dans un sanctuaire dans l'intention de recevoir en rêve une réponse d'un dieu ou d'une déesse relativement à une question posée après l'accomplissement des rituels obligatoires qui se résument à une abstinence sexuelle, à un jeûne sans viande ni alcool et à une offrande faite à ladite divinité.

On trouve dans la littérature grecque et latine de nombreux exemples illustrant ce type de communication avec les dieux. En Grèce, quelque 300 temples étaient consacrés aux oracles par les rêves. Parmi les plus connus : Deiphes, le temple d'Apollon, et le temple d'Épidaure où se rendaient les malades dans l'espoir qu'Asclépios, dieu de la médecine (connu en Egypte sous le nom d'Imhotep et à Rome sous celui d'Esculape), leur apporte ses secours pendant leur sommeil - secours se présentant généralement sous la forme d'un conseil pratique, telle la prescription de décoctions d'herbes, ou même parfois sous la forme d'une guérison au réveil. Quant aux prêtres et prêtresses, ils interprétaient leurs propres rêves qui contenaient les messages divins, plus fréquemment révélés au cours d'une série de songes qu'au cours d'un rêve unique. On peut encore voir de nombreux *ex-voto* de malades qui quittèrent ces lieux parfaitement guéris.

Les philosophes classiques firent de sérieux efforts pour comprendre la nature des rêves et du sommeil d'un point de vue physique, ainsi que le firent les rationalistes 2 000 ans plus tard. Platon, par exemple, pensait que le foie était le siège des rêves, avant d'écrire dans *Le Timée* que des visions prophétiques pouvaient être reçues par les parties les moins nobles du corps, en l'occurrence le foie. Galien et Cicéron croyaient, eux, que tous les rêves étaient des avertissements concernant la santé du rêveur, alors qu'Aristote estimait qu'ils étaient l'effet mental d'une cause physique. Quant à Démocrite, il considérait que les rêves étaient apportés par des "choses flottant dans l'atmosphère et attaquant l'esprit pendant le sommeil". Pline, lui, leur attribuait une origine purement surnaturelle; mais c'est certainement Hippocrate, le père de la médecine, qui s'approchait le plus de la vérité lorsqu'il déclarait: "Certains rêves sont d'inspiration divine, alors que d'autres sont directement issus de notre corps physique."

Si les philosophes grecs de cette époque étudiaient la cause des songes, la population, elle, s'intéressait davantage à leur signification, car elle les considérait comme une importante source de renseignements. Les interprètes de songes étaient donc très en demande et recevaient certainement autant de consultations que les médecins d'aujourd'hui. À cette différence près que les "docteurs" d'alors étaient censés trouver dans les rêves des solutions aux problèmes personnels de leurs patients de même que des remèdes pour leur santé.

LES PORTES DES RÊVES

La plupart des rêves étaient cependant perçus comme des avertissements ou des prophéties. Un rêve d'avertissement signifiait que les désastres à venir pouvaient être évités Si l'on agissait en fonction du message divin, mais rien ne pouvait être fait contre les rêves prophétiques. Pour déterminer Si un rêve était un avertissement ou une prophétie, les Grecs se servaient de ce qu'ils appelaient les Portes des rêves, dont l'une était faite d'ivoire et l'autre de corne. Si un rêve passait par la porte d'ivoire, il s'agissait d'un avertissement, alors que s'il passait par la porte de corne, c'était une prophétie. Quand nous rêvons, notre esprit n'est pas avare de jeux de mots, aussi n'est-il guère étonnant que ces deux portes symboliques aient en fait été le résultat de tels jeux de mots: "ivoire" se dit *elephas* en Grec, qui signifie aussi "tricher", tandis que "corne" se dit *karanoo*, ce qui signifie aussi "accomplir". D'où ce qui peut être évité et l'inévitable.

LES RÊVES ET LES ÉGYPTIENS

Les Égyptiens accordèrent une grande importance à leurs rêves entre 4 000 et 2 000 av. J.-C. D'après un explorateur et écrivain du xe siècle de notre ère, il y aurait eu à cette époque en Égypte un village appelé Abusir, situé à la frontière du désert au sud du Caire, et qui aurait pu être l'endroit où Pharaon aurait tenu Joseph prisonnier. Il s'agissait d'une sorte de caverne à l'intérieur de laquelle se tenait une statue représentant le patriarche Joseph tenant ouvert sur ses genoux un livre couvert de signes cabalistiques. Cette "prison" faisait toutefois partie d'un vaste centre, connu des Grecs sous le nom d'*Asklepieion* de Memphis, qui était l'un des plus grands sanctuaires des arts divinatoires et curatifs de l'Antiquité. La caverne-prison était en fait la chambre mortuaire d'Imhotep.

Le grand échanson et le panetier

Quand Joseph fut emprisonné dans ladite caverne, les oracles s'étaient tus depuis bien longtemps déjà, ce qui n'empêchait pas pour autant les dieux égyptiens de continuer à hanter ce lieu. Il n'est donc pas étonnant que le grand échanson et le panetier, les deux compagnons de prison de Joseph (deux serviteurs de

Pharaon), aient fait en ce lieu sacré des rêves prophétiques que Joseph sut interpréter avec justesse.

Les rois égyptiens et les pharaons accordaient une grande importance à leurs rêves, persuadés qu'ils étaient que ceux-ci prodiguaient conseils et protection des dieux pour eux-mêmes et pour leur descendance. Le Sphinx tient entre ses pattes un bloc de granit rose sur lequel est inscrit le rêve d'un homme qui, par la suite, allait devenir roi. Alors qu'il se reposait à l'ombre du Sphinx, cet homme s'endormit et Râ, le dieu du soleil, lui apparut pour lui dire qu'il régnerait un jour sur l'Égypte. En se réveillant, il regarda le Sphinx et vit que celui-ci était partiellement recouvert de sable et qu'il avait besoin d'être restauré; il fit alors le vœu de le remettre en parfait état pour toujours Si son rêve se réalisait. Quelques années plus tard, son rêve devint réalité et il prit le nom de Thoutmès IV. Se souvenant de sa promesse, il rendit le Sphinx à sa gloire passée, et, depuis ce jour, ce dernier a toujours été protégé des sables du Sahara transportés par les vents.

On trouve également de nombreuses stèles et autres monuments égyptiens ornés d'hiéroglyphes racontant des fragments de rêves oubliés, principalement dans les environs du temple d'AsclépiosImhotep. Certaines de ces inscriptions qui correspondent à des interprétations de rêves sont d'ailleurs encore citées aujourd'hui: "Un lit en feu signifie que votre partenaire est infidèle", "Voir un bœuf mort signifie que vous triompherez de l'adversité ou de vos ennemis."

LES RÊVES DANS LA BIBLE

La Bible s'inscrit comme l'une des plus riches sources de rêves qui soient. L'Ancien et le Nouveau Testament renferment plus d'une vingtaine de rêves décrits en détail, qui sont autant d'exemples de conseils divins prenant la forme d'avertissements ou de prophéties. Et, avec un certain recul, il nous est aujourd'hui possible de comprendre comment leurs destinataires, en agissant en fonction de leur contenu, ont pu mener le destin de nations et, en de nombreux cas, modifier le cours de l'histoire.

LES RÊVES DANS L'ANCIEN TESTAMENT

Même si les évangélistes des temps modernes s'élèvent haut et fort contre l'art divinatoire, la Bible n'en contient pas moins de nombreux exemples; il semble que les Israélites aient été très versés en la matière. Toutefois, l'attitude de certains d'entre eux, qui souhaitaient interdire toute allusion aux oracles, finit par prévaloir auprès des derniers compilateurs de l'Ancien et du Nouveau Testament ; la divination - associée aux prophètes - appelée au début "oracles des prêtres" devint alors "rêves inspirés par Dieu et ses anges".

Si l'on regarde de près les récits de l'Ancien Testament concernant la divination visuelle décrite sous forme de visions et de rêves, on s'aperçoit que le mot hébreu qui désigne "vision" et "rêve" désigne aussi le verbe "voir". Les rêves et visions de l'Ancien Testament servant à prédire l'avenir étaient donc de nature prophétique. Pourtant, les prophètes de la Bible, les visionnaires et les interprètes des rêves n'étaient pas considérés comme des diseurs de bonne ou de mauvaise aventure (mais ce n'est jamais là qu'une question d'appellation ou de classification). Tous les rêves n'étaient pas pour autant attribués à Yahvé, car, ainsi que le souligne le passage du *Livre de Jérémie* (13 : 25), seul le prophète avait le droit de s'exclamer: "J'ai fait un rêve, j'ai fait un rêve. "Le *Livre des Rois* montre qu'en Israël aussi on cultivait le talent des rêves. Salomon suit une coutume bien établie lorsqu'il dort et rêve dans le sanctuaire de la colline de Gédéon. Le *Livre de Samuel* apporte une autre preuve de l'importance des rêves; on y apprend que Samuel avait pour habitude de dormir dans le temple devant l'arche. Le rêve de Jacob à Béthel décrit dans la *Genèse* (28 : 10-22) nous fournit également des détails concernant l'ancien sanctuaire canéen où Jacob fit retraite afin de consulter les oracles par l'intermédiaire du rêve et du sommeil. Les rêves contenus dans la Bible sont de deux types : ils peuvent être littéraux ou symboliques. Dans ceux de la première catégorie, Dieu ou son messager parle directement au rêveur pour lui donner des instructions explicites qui requièrent peu ou pas d'explications. Les rêves de la deuxième catégorie présentent des messages symboliques, sous forme de paraboles, qui demandent une analyse minutieuse avant que le sens caché n'apparaisse. Joseph et Daniel sont certainement les deux experts de l'interprétation des rêves, mais tous les Hébreux étaient passablement versés dans cet art et rencontraient peu de difficulté à comprendre les messages contenus dans leurs rêves.

La Bible dit très explicitement que Dieu parle aux hommes dans leur sommeil : "Car Dieu parle d'une façon et puis d'une autre, sans qu'on y prête attention. Dans un songe, une vision de nuit, quand une torpeur tombe sur les mortels et qu'ils sont assoupis sur leur couche, alors il se révèle à eux et, par des apparitions, les effraie." (*Job, 33 : 416*) Le premier rêve de l'Ancien Testament constitue un excellent exemple de communication directe entre Dieu et les hommes: "Dieu apparut la nuit en rêve à Abimelech et lui dit : "Voici que tu vas mourir à cause de la femme que tu as prise, car elle appartient à son mari." (*Genèse, 20 : 3*)

Le célèbre rêve de Jacob, qui faisait mention d'une échelle reliant ciel et terre, était à la fois littéral et symbolique, comme en fait foi l'extrait suivant: "Il eut un songe : voilà qu'une échelle était dressée à terre, son sommet touchant le ciel, et voilà que les anges de Dieu y montaient et y descendaient. Et voilà que Yahvé se tenait debout près de lui; il dit : "Je suis Yahvé, le Dieu d'Abraham, ton père, et le Dieu d'Isaac. La terre sur laquelle tu es couché, je te la donnerai ainsi qu'à ta descendance." (*Genèse, 28 : 2-14*) Dans un rêve ultérieur, juste après s'être enfui de chez Laban, Jacob reçoit de nouveau des ordres divins, cette fois par l'intermédiaire d'un ange. ""Un ange de Dieu dit en songe : "Jacob! Je dis me voici. Il dit : Lève les yeux et vois tous les boucs qui couvrent les bêtes sont rayés, mouchetés ou marquetés; car j'ai vu tout ce que Laban te fait. Je suis le Dieu de Béthel, où tu as oint une stèle, où tu m'as voué un vœu. Maintenant debout! Sors de ce pays et retourne en ton pays natal."" (*Genèse, 31 : 1-13*) L'ange joue ici un rôle d'intermédiaire, comparable à celui des messagers de Zeus, des collaborateurs souterrains d'An-Za-Oar (le dieu des Sumériens, Babyloniens et Assyriens) et, en définitive, de tous les porteurs de rêves de l'Antiquité.

Les rêves de Pharaon

Les rêves les plus haut en couleur et les plus impressionnants de la Bible sont sans nul doute ceux que Joseph, le fils préféré de Jacob, interprétait pour Pharaon. Joseph, qui était aussi un rêveur prolifique, fut jeté en prison aux côtés de l'échanson et du panetier de Pharaon qui, au cours de leur incarcération, eurent maints rêves particuliers. Si l'on se souvient que leur geôle était la célèbre chambre mortuaire d'Imhotep, située au milieu de l'un des plus célèbres sanctuaires d'Egypte (connu des Grecs sous le nom d'Àsklêpieion), une telle abondance de rêves n'est guère surprenante.

Au cours d'une même nuit donc, l'échanson et le panetier du roi d'Egypte firent un songe. Lorsque Joseph les vit le matin, il constata qu'ils étaient abattus. Il demanda alors aux eunuques de Pharaon, qui étaient en surveillance avec lui dans la maison de son maître "Pourquoi vos visages sont-ils tristes aujourd'hui ?" Ils lui dirent "Nous avons fait un songe et il n'y a personne pour l'interpréter." Joseph leur répondit : "N'est-ce pas à Dieu qu'appartiennent les interprétations ? Racontez-moi donc. "Le grand échanson raconta à Joseph le songe qu'il avait fait: "Voici que, dans mon songe, il y avait devant "moi" un cep et sur le cep trois pampres. Comme il bourgeonnait, sa fleur monta et ses grappes firent mûrir des raisins. La coupe de Pharaon était dans ma main; je pris les raisins, je les pressai au-dessus de la coupe de Pharaon et je plaçais la coupe sur sa paume. "Joseph lui dit : "En voici l'interprétation. Les trois pampres représentent trois jours. Encore trois jours et Pharaon relèvera la tête; il te rétablira dans ta charge et tu placeras la coupe dans sa main, comme tu avais coutume de le faire précédemment quand tu étais son échanson. Que Si tu te souviens de ce que je fus avec toi, lorsqu'il t'arrivera du bien, témoigne envers "moi", je te prie, cette fidélité rappelle-moi au souvenir de Pharaon et fais-moi sortir de cette maison, car j'ai été réellement enlevé au pays des Hébreux et, ici même, je n'ai rien fait qui mérite le cachot." Le grand panetier, voyant que l'interprétation était favorable, dit à Joseph : "Moi aussi dans mon songe, voici qu'il y avait trois corbeilles de pain blanc que je tenais sur ma tête. Dans la corbeille supérieure, il y avait tous les mets que prépare le panetier pour Pharaon et ils étaient mangés par les oiseaux. "Joseph prit alors la parole : "En voici l'interprétation. Les trois corbeilles représentent trois jours. Encore trois jours et Pharaon relèvera la tête; il te pendra à un gibet et les oiseaux du ciel mangeront ta chair." Pharaon rétablit le grand échanson dans ses fonctions et celui-ci plaça la coupe dans sa paume; quant au grand panetier, il le pendit, selon ce qu'avait interprété Joseph. Mais le grand échanson ne se souvint pas de Joseph; il l'oublia. (*Genèse, 40 : 5 -19, 21-22*)

Or, au bout de deux ans, Pharaon fit un songe. Voici qu'il se tenait près du Nil, et voici que du Nil montaient sept vaches belles d'aspect et grasses de chair, qui se mirent à paître dans les joncs. Et voici que sept autres vaches montaient du Nil après elles, laides d'aspect et maigres de chair, et elles se tinrent à côté des autres vaches sur la rive du Nil. Et les vaches laides d'aspect et maigres de chair dévorèrent les sept vaches belles d'aspect et grasses. Alors Pharaon se réveilla.

Il se rendormit et fit un second songe. Voici que sept épis montaient sur une même tige, gras et bons. Et voici que sept épis maigres et brûlés par le vent d'est poussaient après eux. Et les épis maigres engloutirent les sept épis gras. Alors Pharaon se réveilla. (*Genèse, 41 : 1-7*)

On connaît bien le sens prophétique que Joseph attribua à ce rêve : la venue de sept années d'abondance suivies de sept années de famine. Ce que l'on ne voit pas toujours très bien, ce sont les retombées que ce rêve a encore aujourd'hui, excellent exemple du délicat pouvoir que certains rêves peuvent exercer non seulement sur celui qui les fait, mais aussi sur bon nombre d'autres, des générations et des générations plus tard. Ils sont le point de départ de toute une série d'événements, véritable réaction en chaîne qui se prolongera pour ainsi dire indéfiniment.

La question est de savoir ce qui se serait passé Si Pharaon n'avait pas fait ces rêves. Cet enchaînement de causes et d'effets ne commença toutefois pas dans les rêves de Pharaon, mais plutôt dans ceux de l'échanson et du panetier, deux années auparavant. Que se serait-il alors passé s'ils n'avaient pas fait ces rêves ? Joseph n'aurait en aucun cas pu les interpréter, sa réputation n'aurait pu ainsi s'étendre jusqu'à Pharaon et il aurait continué à se languir dans sa geôle ; l'Égypte n'aurait pas amassé de grain en prévision de la famine de sept ans, les onze frères de Joseph ainsi que son père, Jacob (plus tard rebaptisé Israël), ne seraient pas descendus en Egypte pour y acheter du blé parce qu'il n'y en aurait pas eu. Ils n'auraient donc pu revoir Joseph, le fils préféré de leur père qu'ils avaient abandonné dans le désert quelques années plus tôt, et ne se seraient pas installés en Egypte ainsi qu'ils le firent. Si les douze frères ne s'étaient pas réunis, ils n'auraient pu donner naissance aux Douze Tribus d'Israël, sans lesquelles nous n'aurions pas connu l'Exode, la Terre promise, descendance de David, et la naissance de Jésus telle que nous la connaissons. Aussi prophétique qu'ait pu être le rêve de Pharaon à court terme, force nous est de reconnaître que ses incidences se firent sentir bien avant et bien au-delà des quatorze années prévues par Joseph.

Moise et Salomon

Moïse, dit-on, reçut l'ordre divin d'écouter les paroles de Dieu dans ses rêves : "À Gabaôn, Yahvé apparut à Salomon dans un songe, la nuit. Dieu lui dit : "Demande ce que je dois te donner." (*I Rois, 3 : 5*) En réponse à cela - toujours à l'intérieur de son rêve -, Salomon demanda qu'on lui apprît à distinguer le bien du mal, ce qui fit plaisir à Dieu; c'est pourquoi, ainsi que nous l'apprenons un peu plus tard, il récompensa Salomon de grandes richesses.

Nabuchodonosor et Daniel

Nabuchodonosor, roi de Babylone, fut un autre des grands rêveurs de la Bible. Ses rêves le dérangeaient fortement, d'autant plus qu'il avait tendance à les oublier dès qu'il se réveillait, demeurant ainsi hanté par des souvenirs inconscients qu'il était incapable de faire revenir à sa mémoire. Il n'est donc pas étonnant que ses demandes d'interprétations formulées auprès de célèbres sorciers et magiciens aient échoué; en fait, il attendait d'eux qu'ils produisent tant les rêves que leur interprétation. Le rêve que nous pouvons lire en *Daniel (2 : 5)* posait des problèmes particuliers à Nabuchodonosor. Le roi dit aux Chaldéens: "La chose est par "moi" décidée : Si vous ne me faites pas connaître le songe et son interprétation, vous serez mis en morceaux et vos maisons seront réduites en fange. Mais Si vous m indiquez le songe et son interprétation, vous recevrez de ma part dons, présents et grands honneurs." Les sages furent incapables de répondre à cette difficile exigence; un décret stipulant qu'ils seraient jetés en prison, puis finalement massacrés fut publié. Daniel était du nombre de ces sages. Daniel, nous dit la Bible, "pouvait comprendre toutes les visions et tous les rêves". Il s'empressa donc de convaincre son geôlier : "J'ai trouvé parmi les captifs de Judée un homme qui fera connaître au roi le sens de son rêve." Une fois en présence de Nabuchodonosor, Daniel lui révéla qu'il avait lui-même rêvé chacun des détails de son rêve: "Toi, ô roi, tu regardais, et voici une statue; cette statue était grande et d'un éclat extraordinaire; elle se dressait devant toi et son aspect était terrifiant. Cette statue, sa tête était d'or, sa poitrine et ses bras étaient d'argent, son ventre et ses cuisses de bronze, ses jambes de fer, ses pieds en partie de fer et en partie d'argile. Tu regardais lorsqu'une pierre se détacha, sans l'aide d'aucune main, frappa la statue sur ses pieds de fer et d'argile et les broya. Alors furent broyés en même temps le fer, l'argile, le bronze, l'argent et l'or. Ils furent comme la balle dans les airs en été; le vent les emporta et on n'en trouva aucune trace. Quant à la pierre qui avait frappé la statue, elle devint une grande montagne et remplit toute la terre." (*Daniel, 2 :31-35*) Tel était donc le rêve oublié. L'interprétation qui suivit révéla que Nabuchodonosor était le seigneur de maints royaumes, lui même représenté par la tête en or. Bien que les royaumes soient mortels, Daniel l'assura que le sien serait éternel. Daniel semble d'ailleurs avoir délicatement laissé de côté l'image des pieds d'argile, devenue aujourd'hui un véritable cliché, probablement afin de plaire au roi et de sauver sa propre vie ainsi que celle de ses compagnons en prison.

LES RÊVES DANS LE NOUVEAU TESTAMENT

Le Nouveau Testament est moins riche en rêves que l'Ancien, mais ils n'en sont pas moins profonds pour autant. Un ange apparut en rêve à Joseph pour lui transmettre le message littéral suivant : "Comme il y réfléchissait, voici que l'ange du Seigneur lui apparut en songe et lui dit : "Joseph, fils de David, ne crains pas de prendre avec toi Marie ton épouse, car ce qui a été engendré en elle l'est de par l'Esprit saint. Elle enfantera un fils et tu l'appelleras du nom de Jésus, car c'est lui qui sauvera son peuple de ses péchés."" (*Matthieu, 1 : 20-21*) Plus tard, les trois sages, après avoir offert leurs présents de myrrhe, d'encens et d'or au nouveau-né reçurent le message suivant: "Et avertis en songe de ne pas retourner vers Hérode, c'est par un autre chemin qu'ils se retirèrent dans leur pays." (*Matthieu, 2 : 12*) Après leur départ, Joseph reçut un second message divin : "Quand ils se furent retirés, voici que l'ange du Seigneur apparaît en songe à Joseph et lui dit : "Lève-toi, prends avec toi l'enfant et sa mère, et fuis en Égypte; reste-y jusqu'à ce que je te le dise, car Hérode va rechercher l'enfant pour le faire périr"." (*Matthieu, 2 : 3-14*)

Joseph obéit et demeura en Egypte jusqu'à ce qu'un messager de Dieu vienne de nouveau le visiter : "Hérode mort, voici que l'ange du Seigneur apparaît en songe à Joseph, en Egypte, et lui dit : "Lève-toi, prends avec toi l'enfant et sa mère, et va au pays d'Israël, car ils sont morts, ceux qui en voulaient à la vie de l'enfant"." (*Matthieu, 2 :19-20*) Voici donc un autre exemple des effets à long terme qu'un rêve peut avoir sur la destinée de l'humanité. En l'absence de ce rêve, la mère et son fils auraient eu peu de chances d'échapper au massacre des Innocents et l'on peut se demander quelle tournure aurait pris l'histoire de l'humanité et, par la suite, l'influence du christianisme. Trente ans plus tard, la femme de Pilate devait lui faire parvenir le message suivant : "Ne te mêle pas des affaires de ce Juste, car j'ai beaucoup souffert en songe aujourd'hui à cause de lui." (*Matthieu, 27 : 19*) Ce rêve n'eut pas la moindre influence sur l'histoire, car Pilate refusa de tenir compte de son message, pourtant très explicite. Qui peut dire ce qui serait advenu Si Pilate avait finalement décidé d'épargner Jésus ?

LES PÈRES DE L'ÉGLISE

Les premiers chrétiens considéraient les rêves de la même façon que les prophètes de l'Ancien Testament. Grégoire de Nysse, au IVe siècle, les acceptait comme des messages divins et les considérait comme des miroirs de l'âme. Il écrivit que ces visions pouvaient apporter une meilleure compréhension de notre personnalité la plus intime. Saint Augustin se servait de ses rêves comme moyens de communication entre lui, Dieu et ses anges, et leur demandait toujours de préserver ses "chastes désirs". Thomas d'Aquin, visionnaire dans l'acception de l'Ancien Testament, consacra de nombreuses pages à la nature prophétique des rêves et avança l'idée que le rêve et l'événement pourraient bien avoir une cause commune - idée qui n'est guère éloignée du concept de synchronisme jungien.

LES RÊVES AU MOYEN ÂGE

À la fin de la période médiévale en Europe, les rêves devinrent tabous pour l'Église. Les autorités religieuses oublièrent aisément le rôle qu'ils avaient joué dans le passé; elles les classèrent avec tous les autres arts ésotériques qui, disaient-elles, étaient l'œuvre du démon. Il est facile de voir comment cette doctrine stupide allait laisser sa marque sur l'ensemble de notre société, qui allait voir le mot "rêve" perdre son sens de "vision" pour se cantonner à celui d'"espoir chimérique"; on dira alors de quelqu'un dépourvu de tout réalisme qu'il est un "rêveur".

Mais au XIXe siècle, l'arrivée de Freud allait conférer au rêve le statut d'expérience socialement "acceptable". Ce faisant, les rêves perdirent leurs connotations religieuse et prophétique au profit d'une connotation psychologique. C'est ainsi que les notions de "ça", de "moi" et de "surmoi", la nouvelle trinité des psychanalystes, finit par supplanter Dieu et les autres sources extérieures associés jadis à l'origine des rêves. Aujourd'hui, alors que nous approchons de la fin du XXe siècle, les horizons continuent de s'élargir; tous les aspects du rêve, depuis le profondément religieux jusqu'au simple passage en revue de faits de la vie quotidienne, font l'objet d'analyses sérieuses.

RÊVES ET ORACLES AU JAPON

La littérature japonaise médiévale, qui abonde en récits d'oracles issus de rêves, nous apprend qu'il y avait, tant chez les shintoistes que chez les bouddhistes, des temples consacrés aux rêves. On trouvait à Usa un sanctuaire shintoiste particulièrement célèbre dédié au dieu Hachiman et trois temples bouddhistes, consacrés à Bodhisattva Kannon, spécialement réputés pour leurs oracles.

Bouddhistes ou shintoistes, les cérémonies de consultation des oracles étaient foncièrement semblables. Après avoir respecté les règles d'abstinence pendant la période de préparation, il fallait se rendre au lieu sacré pour y déposer une offrande et faire le vœu de rester pour une période donnée (le plus souvent 7, 21 ou 100 jours) dans l'espoir de se voir accorder un rêve révélateur. Les pèlerins passaient chacune de leurs nuits le plus près possible du cœur du sanctuaire où résidait la divinité. C'est là que devait se produire le rêve tant désiré et attendu qui, généralement, ne survenait qu'à la dernière nuit d'attente.

Parmi les raisons qui poussaient les gens à consulter les oracles, la maladie figurait en première place. Un recueil de récits du XVe siècle, connu sous le nom de *Hasedra Reigenki*, décrit les guérisons miraculeuses obtenues grâce aux communications établies avec les dieux par le truchement des rêves. L'un de ces récits parle d'un homme qui, défiguré par la lèpre, fit le trajet jusqu'à Hasedra; à l'issue de sept jours et sept nuits d'isolement, il rêva qu'un garçon sortait du cœur du sanctuaire pour lui dire: "Ta maladie est très difficile à guérir, car elle provient du karma d'une vie antérieure. Mais Kannon m'a enjoint de te guérir." Le garçon lécha alors l'homme sur tout le corps et quand ce dernier s'éveilla, il se trouva guéri et sain. Un autre homme qui souffrait d'une terrible maladie fit aussi le pèlerinage jusqu'à Hasedra; après une nuit et un jour, il rêva qu'un garçon sortait du cœur du sanctuaire et recouvrait son corps d'un onguent. Le matin suivant, son mal l'avait quitté. Nombre de ces histoires font référence à un petit garçon sortant du Saint des Saints et opérant des guérisons miraculeuses.

Mais les oracles pouvaient résoudre d'autres problèmes que ceux causés par la maladie. Une histoire raconte qu'un prêtre, incapable de se souvenir par cœur d'un passage très compliqué, l'apprit en une nuit pendant un rêve. Un homme, honteux de son apparence physique, reçut quant à lui le courage d'affronter le monde. Des femmes réduites au désespoir et à la misère se trouvaient transformées, soutenues qu'elles étaient dans leur douleur par leurs nuits de rêves positifs. S'y rendaient aussi des pèlerins qui voulaient simplement connaître l'avenir et qui repartaient en sachant ce qui les attendait.

Avant l'arrivée du bouddhisme, l'Empereur était toutefois le "premier" rêveur : ses devoirs religieux consistaient entre autres à apporter un soin particulier à ses rêves. Son palais contenait donc une pièce réservée à cet usage et meublée d'un lit appelé *kamudoko*. Quand son peuple fut menacé par la peste, on raconte que l'Empereur Sujin se coucha sur son *kamudoko* à la recherche d'une réponse pour aider ses sujets. C'est alors que son dieu Amonon Ushi lui apparut en rêve pour lui dire comment éviter la calamité qui allait s'abattre sur son pays. L'histoire ne nous dit pas en quoi précisément consistait cette recette, mais elle s'avéra efficace.

LES RÊVES TRIBAUX

Les Indiens d'Amérique du Nord reconnaissaient aux rêves des facultés pouvant les aider à vivre en paix. Les Hurons et les Iroquois organisaient régulièrement des cérémonies de rêves qui duraient plusieurs jours, voire plusieurs semaines, dépendamment du matériau qu'ils ramassaient alors. En mettant leurs rêves en commun, ils parvenaient à dégager une stratégie distincte dont ils se serviraient pour mener les affaires de la tribu.

Les Maoris en Nouvelle-Zélande et les Zoulous en Afrique du Sud continuent de nos jours à prêter une grande attention à leurs rêves et à leur mise en commun. Les Esquimaux de la baie d'Hudson et les Patanies de Malaisie partagent la croyance selon laquelle l'âme quitte le corps pendant le sommeil pour aller vivre dans un monde distinct:

le monde des rêves. Ils pensent également qu'il est très dange-
reux de réveiller brutalement un dormeur, car son esprit pourrait
ne pas avoir le temps de réintégrer son corps et se retrouver ainsi
à jamais perdu dans les limbes.

LES RÊVES COLLECTIFS AUJOURD'HUI

Les Corses sont des gens très soucieux de leurs rêves et il arrive que des villages entiers fassent le même rêve en même temps,
comme si un esprit collectif les contrôlait de façon télépathique
pendant leur sommeil. Quelle que soit la nature de ce contrôle,
il existe depuis maintes années et il continue de se manifester
aujourd'hui.

LES TEMIAR-SENOIS

Les Temiar, qui forment une tribu appartenant au peuple malais
des Senois, sont aujourd'hui encore très profondément influencés par l'interprétation et la manipulation des rêves. Selon eux,
les rêves sont des fragments de la personnalité constitués de
forces psychiques déguisées en formes reconnaissables. Bien
que cette théorie rappelle d'assez loin les archétypes personnels
et collectifs de C.G. Jung, il ne faut pas oublier que ces peuples
ont adopté ces théories depuis des centaines d'années. Ainsi,
leurs enfants apprennent très tôt l'importance des rêves et se
voient encouragés à affronter tous les mauvais esprits qu'ils ren-
contrent dans leurs cauchemars afin d'apprendre à les dominer
avant d'atteindre l'âge adulte. Devenus adultes, ils mettent leurs
rêves en commun, ce qui leur permet d'"apercevoir" l'avenir.
Ainsi, ils sont en mesure de faire face à tous les problèmes avant
qu'ils ne surgissent réellement. Leur société ignore tout du crime
et de la violence, et l'on considère que les Temiar-Senois forment aujourd'hui l'un des peuples les plus démocratiques et les
mieux adaptés à son environnement.

Depuis la découverte de ce peuple non violent par H.D.
Noone en 1931, le mode de vie pacifique et équilibré des
Temiar-Senois n'a cessé d'intriguer sociologues et anthropo-
logues. Noone fut particulièrement impressionné par leur façon
de vivre en parfaite harmonie avec leurs lois naturelles. "Quand

un homme a fourni son travail, il reçoit une part de la récolte; non pas en fonction de son travail ou de ses compétences, mais en fonction de ses besoins", précise-t-il. Ne serait-ce pas là la véritable incarnation du rêve de Karl Marx qui proposait que chacun travaille en fonction de ses moyens et reçoive en fonction de ses besoins ?

Malheureusement, l'humanité n'a pas su comprendre la pleine mesure du rêve de Marx, ce qui n'est guère surprenant puisque l'humanité en général n'apprend pas à rêver, contrairement aux TemiarSenois, pour qui, d'ailleurs, le communisme fonctionne parfaitement.

LES RÊVES HISTORIQUES

Hitler

Tous les rêves qui ont influencé l'histoire de l'humanité ne l'ont pas fait que dans un sens positif....

Par une sinistre nuit de novembre 1917, les troupes allemandes et françaises se faisaient face de part et d'autre de la Somme sous un bombardement d'artillerie meurtrier. Un caporal qui dormait dans un bunker allemand y fit un rêve, ou plutôt un terrifiant cauchemar, dans lequel des débris et des fragments de terre en fusion s'abattaient sur lui. Il se réveilla en sursaut et sortit en courant de la casemate dans l'air froid de la nuit, heureux de constater qu'il ne s'agissait que d'un rêve. Mais à peine quelques secondes plus tard, un obus français vint s'abattre sur ladite casemate, tuant tous les occupants. Comprenant que son rêve venait de lui sauver la vie, le soldat remercia Dieu en précisant qu'il savait que celui-ci l'avait épargné afin qu'un jour, à son tour, il sauve sa patrie. Ce soldat s'appelait Adolf Hitler. On ne peut savoir ce qui serait arrivé Si Hitler avait péri en 1917, mais sans doute que l'Europe et le monde seraient aujourd'hui bien différents.

Alexandre le Grand

Plus de 2 300 ans avant qu'Hitler ne fasse ce rêve, un autre chef ambitieux du nom d'Alexandre le Grand suivit aussi les conseils prodigués par ses rêves. On ne sera guère surpris d'apprendre que pendant qu'il assiégeait la cité de Tyros (Tyr), Alexandre, éduqué par Aristote, rêva qu'un satyre (esprit de la nature, *satyros* en grec) venait danser sur son bouclier. Aristandre, son interprète des rêves, le traduisit comme un jeu de mots, Si bien qu'en modifiant l'ordre des lettres de *satyros* il obtint la phrase: "Tyros est à toi." Ce rêve incita Alexandre à renouveler son attaque contre Tyros, qui se rendit presque immédiatement.

Jules César

Trois siècles plus tard, Jules César, dont on a dit qu'il avait servi de modèle à Hitler, fut aussi un grand rêveur dont la conduite fut dictée par ses rêves (qu'il en ait été conscient on non). À la suite d'un rêve particulièrement réaliste, dans lequel il se voyait violenter sa mère, il décida d'emmener son armée par-delà le Rubicon, un petit cours d'eau qui suit la frontière cisalpine. Ce faisant, il se retrouva en guerre avec le Sénat, car il venait en fait d'envahir sa mère patrie. Il est toutefois dommage qu'il n'ait pas prêté plus d'attention au rêve que fit sa femme, rêve qui l'aurait prévenu du danger auquel il allait s'exposer au cours des fatales ides de mars. S'il l'avait fait, le rêve de Calpurnia aurait été un avertissement plutôt qu'une prophétie réalisée.

Jeanne d'Arc

Bien des siècles plus tard, Jeanne d'Arc rêvait que son destin était de sauver la France. Ce rêve, ajouté à d'autres rêves diurnes, lui fournit les plans ingénieux grâce auxquels elle parvint à convaincre le dauphin qu'elle était capable de ces hauts faits. Dans la pièce de l'auteur britannique G.B. Shaw, *Sainte Jeanne*, elle se voit accusée d'avoir imaginé en rêve les voix qu'elle entendait. "Bien sûr, lui fait répondre le tragédien, c'est ainsi que parviennent les messages de Dieu."

Napoléon

Napoléon, autre sauveur de la France, se servait de ses rêves pour planifier ses campagnes militaires. À son réveil, il notait ses impressions nocturnes et les mettait en application en utilisant des soldats de plomb qu'il faisait manœuvrer dans des bacs de sable pour affiner chaque attaque et contre-attaque.

Bismarck

Bismarck, futur homme d'état allemand, avait six ans quand mourut Napoléon. S'il fut ultérieurement connu pour son extrême confiance en soi, nul ne savait à l'époque qu'il tirait cette assurance des rêves, principalement de nature prophétique, qu'il avait faits dans sa petite enfance et au début de sa carrière militaire. Ainsi, il devait écrire plus tard, dans une lettre à l'empereur Guillaume : "La communication de Votre Majesté m'a encouragé à lui relater un rêve que je fis au printemps 1863 pendant les jours de la lutte. Je rêvais que j'étais sur mon cheval sur un étroit sentier alpin, un précipice à ma droite et le flanc de la montagne à ma gauche. Le sentier allait en se rétrécissant, Si bien que mon cheval refusa d'avancer; il m'était impossible de faire demi-tour ou de descendre. Avec ma cravache, je frappais la surface lisse du rocher en appelant Dieu. Le fouet prit alors une taille prodigieuse et le mur de roche s'effondra comme un décor de théâtre pour faire place à un large chemin dominant les montagnes et la forêt, comme dans un paysage de Bohême; il y avait là des troupes prussiennes avec leurs étendards, et, même dans mon rêve, la pensée me vint que je me devais d'en parler à Votre Majesté."

Encouragé par ce message rassurant, Bismarck s'en tint à sa stratégie et réussit à prendre la tête de la fédération allemande en Prusse, préparant ainsi l'avènement de la Grande Allemagne dont allait rêver plus tard Hitler. On voit bien comment, à des degrés divers, les rêves des chefs politiques et militaires ont laissé leurs empreintes dans l'histoire.

LES RÊVES ET LA LITTÉRATURE

Longtemps avant que Freud ne dévoile les mystères des sombres conflits qui se trament dans notre inconscient et que Jung ne parle d'inconscients collectifs remplis d'archétypes et de symboles, les poètes et les écrivains savaient que les rêves étaient des sources d'inspiration leur permettant de se pencher sur les profondeurs de la nature psychologique et paradoxale des hommes.

Nous trouvons dans leurs œuvres de nombreuses allusions au conflit opposant une sauvagerie à peine réprimée à une grande bonne volonté, conflit d'une telle intensité que l'on pourrait croire avoir ouvert par mégarde le livre de soins d'un psychanalyste contemporain. Peur de l'enfer et visions d'horreur étaient déjà perçues, voici bien longtemps, comme des témoins des plus noirs aspects de notre personnalité cachée. Dans *La République*, Platon en fait une énonciation fort éloquente: "En nous tous, même chez les hommes bons, se trouve une bête sauvage qui se réveille pendant notre sommeil."

Ni Freud ni les hommes de sa génération n'auraient été surpris par leurs découvertes sur la vraie nature de l'homme s'ils avaient lu certains ouvrages littéraires d'époques antérieures. Bien avant que Freud ne l'analyse, le rêve symbolique du paradis, où le rêveur se retrouve dans un jardin de délices personnel, fut compris comme un rêve de compensation, d'espoir d'accomplissement. Les premiers poèmes d'Alfred Tennyson étaient remplis de paysages nocturnes habités par d'inapprochables vierges et rossignols qu'il avait entendus dans un rêve. De même, Keats pénétrait régulièrement dans "quelque région inexplorée de l'esprit" lorsqu'il évoquait ses jardins de rêve.

Shakespeare

Shakespeare fut sûrement le plus grand rêveur de tous les temps. Ses œuvres sont remplies de clins d'œil au sommeil et aux rêves qui évoquent deux mondes, celui de la réalité et celui de l'illusion, entre lesquels nous sommes Si souvent partagés. Dans ses conférences sur Shakespeare, Coleridge soutenait que le seul moyen de comprendre ses messages était d'interpréter ses pièces comme une série d'images et d'idées créées et incarnées dans un rêve.

Dans *La Tempête*, c'est Caliban qui rêve que "Lîle est pleine de bruits et de sons, et de doux airs qui ravissent et ne font point de mal". Le personnage de Prospero, un sage, suggère que la vie n'est qu'un rêve : "Nous sommes de la même étoffe que les songes et notre courte vie n'est qu'un rêve." Macbeth voit Lady Macbeth prise de somnambulisme rejouer ses crimes et révéler ainsi à tous qu'elle possède tout de même un peu de conscience. Macbeth entend également des voix, selon qui il "assassine le sommeil, le sommeil innocent! Le sommeil qui trame les fils débrouillés du souci, qui répare les forces, le baume des esprits malades, le second agent de la grande nature, celui qui vous invite au second festin de la vie."

Dans *Hamlet*, le prince du Danemark nous dit aussi : "Dormir, rêver peut-être. Ah, c'est l'obstacle! Car l'anxiété des rêves qui viendront, dans ce sommeil des morts, quand nous aurons repoussé loin de nous le tumulte de vivre, est là pour retenir, c'est la pensée qui fait que le malheur a Si longue vie." Et le *Songe d'une nuit d'été fait vivre* devant nos yeux un monde peuplé d'images intemporelles représentant des personnages du monde réel aux côtés d'ombres et de figures venues d'une autre dimension. Il en va de même dans toutes les pièces de Shakespeare : c'est à nous qu'il revient de choisir entre l'un et l'autre monde, entre le réel et le symbolique - le plus souvent toutefois, c'est le monde symbolique des rêves qui l'emporte.

Bunyan et Coleridge

Le *Voyage du Pèlerin*, de John Bunyan, va dans la même veine : il s'agit d'une allégorie en forme de rêve qui valut à l'auteur d'être surnommé le "Rêveur Immortel" ou, de façon moins aimable, le "Rêveur Fou". Samuel Taylor Coleridge connut lui aussi de nombreux rêves fort créatifs, dont le plus fertile fut son célèbre *Koubla Khan*. Dans une ferme isolée du Somerset, Coleridge souffrit d'une légère indisposition qui l'obligea à dormir quelques heures pendant lesquelles lui vinrent une série de phrases et d'images qu'il nota mot pour mot dès son réveil. Il fut malencontreusement interrompu par un homme de Porlock qui se trouvait là pour affaires, Si bien qu'il perdit plusieurs vers dont il ne put jamais se souvenir. Nous voyons ici l'importance qu'il y a à noter ses rêves au réveil sans la moindre interruption.

Lewis Carroll

Charles Lutwidge Dodgson, plus connu sous le nom de Lewis Carroll, fut un mathématicien de premier plan, mais c'est son livre *Alice au pays des merveilles* qui le rendit véritablement célèbre. On y voit une petite fille s'endormir, puis pénétrer dans le monde de ses rêves après avoir suivi un lapin dans son trou. Les aventures et les terreurs qu'elle connaîtra tout au long de l'histoire ne sont pas plus infantiles qu'elles ne sont destinées à amuser de jeunes esprits. Car ce pays des merveilles, peuplé de personnages extravagants, d'énigmes, de surprises, de menaces et de déceptions parle bien plus à un esprit adulte qu'à celui d'un enfant. Des observations d'une remarquable profondeur psychologique et psychique, déguisées en aventures dans le "monde réel" ou dans d'autres dimensions, viennent se mélanger dans le chaudron de ce rêve fabuleusement symbolique, créant ainsi un monde que certains critiques littéraires ont cru bon de qualifier d'"absurde".

Robert Louis Stevenson

Robert Louis Stevenson semble avoir été le plus fortuné des auteurs travaillant à partir de leurs rêves. Il avait lui aussi la chance de se souvenir de presque tous ses rêves: dans son livre *À travers les plaines*, il explique comment des histoires entières lui venaient en rêve. Nuit après nuit il reprenait l'histoire où il l'avait laissée la veille. Cette vie nocturne avait un caractère Si réel qu'il lui arrivait d'en souffrir grandement, hanté qu'il était par l'impression de mener une double vie - impression qui eut d'importantes répercussions, ainsi qu'il l'écrivit plus tard : "J'essayais depuis longtemps d'écrire une histoire sur ce sujet, de trouver un corps, un véhicule pour transmettre ce sentiment d'être double qui doit à l'occasion envahir toute créature pensante. Je me suis torturé le cerveau pendant deux jours à la recherche des grandes lignes d'une histoire; la seconde nuit, je rêvais une scène à la fenêtre qui, par la suite, se scinda en deux, dans laquelle Hyde, poursuivi pour quelque crime, prenait la poudre et se transformait en présence de ses poursuivants." *Docteur Jekyll et Mister Hyde* venait de naître.

Walter De La Mare

Le poète visionnaire Walter De La Mare est notamment l'auteur d'une anthologie des rêves dans laquelle il commence par dire : "Une bête effrontée se tient tapie au fin fond de notre inconscient et il nous faut être sûr de garder en notre possession la clef qui permet de l'y maintenir enfermée." Cette observation, dont la source provient de l'un de ses rêves, va à l'encontre de l'innocence qu'il disait voir chez les enfants. En reconnaissant cette bête au fond de nous, De La Mare alignait en revanche ses positions sur celles de Platon et de Freud.

Graham Greene

Le grand Graham Greene, lauréat du Prix de Jérusalem 1981, s'inscrit dans la continuité d'une longue série d'auteurs inspirés par les rêves. À la remise de son prix, il déclara que ses livres s'écrivaient seuls au cœur de la nuit. Jusqu'à sa mort en 1991, il semble qu'il se soit réveillé quatre ou cinq fois par nuit pour noter les esquisses de ses rêves, qui allaient par la suite constituer la base de ses livres. "Si je suis vraiment dans une phase de travail, je relis ce que j'ai écrit pendant la journée avant d'aller me coucher, et les problèmes se résolvent pendant mon sommeil." Il poursuivit en indiquant qu'il tenait un journal de ses rêves dans lequel il notait les intuitions et les synopsis que lui suggérait son esprit débridé.

CITATIONS SUR LES RÊVES

Au fil des ans, le sens du mot "rêve" a changé pour finalement signifier "espoir" aussi bien que "vision du sommeil". Ainsi, il se substitue souvent au sens traditionnel et apporte profondeur et couleur à des déclarations qui, sans cela, manqueraient singulièrement de romantisme. Les écrivains, dramaturges et poètes classiques ne sont pas les seuls à avoir puisé dans les rêves; les auteurs de chansons populaires ne s'en sont pas privés non plus et, pleinement conscients du rôle que jouent les rêves dans nos vies amoureuses, ils ne se gênent pas pour en faire bon usage. Voici donc quelques citations qui ont traversé les âges et d'autres qui ont peut-être été entendues hier à la radio.

"Lorsqu'on lui posa la question à savoir ce qu'était l'espoir, il répondit : "Le rêve d'un homme qui s'éveille"."
Diogène Laertius

"Quand les hommes rêvent, ils ne se rendent pas compte que c'est un rêve. Certains peuvent même faire un rêve dans un autre rêve. Si bien que lorsque le grand réveil descendra sur nous, nous verrons alors que cette vie n'était qu'un grand rêve. Idiots que nous sommes, qui croyons être réveillés!"
Sage chinois

"Un homme n'est que le rêve d'une ombre."
Ode pythienne, 8

"Je rêvai jadis, "moi" Chuang-tzu, que j'étais un papillon volant de ci de là, un vrai papillon. Je n'avais conscience que de suivre mes désirs de papillon, mais non de mon individualité de papillon. Soudain je me réveillai et me retrouvai là, allongé. Maintenant je ne sais plus Si je suis un homme qui rêve qu'il est un papillon ou bien un papillon qui rêve qu'il est un homme."
"Vif comme une ombre, bref comme tout rêve."
Shakespeare

"Napoléon, puissant somnambule d'un rêve évanoui."
V Hugo

"La purification de la politique est un rêve iridescent."
J.J. Ingalls

"Mais il n'est rien de Si doux dans la vie que le jeune rêve de l'amour."
Thomas Moore

"Oublier que je me souviens et rêver que j'oublie."
Swinburne

"Tout ce que nous voyons ou paraissons n 'est qu'un rêve

dans un autre rêve."
Edgar Allan Poe

"Une vision à rêver, non à dire." S. Taylor Coleridge

"Un espoir au-delà de l'ombre d'un rêve." John Keats

"J'ai dormi et rêvé que la vie était beauté,
Je me suis éveillée et ai découvert que la vie était devoir.
Mon rêve n'était-il donc que mensonge ?
Travaillez sur un cœur triste, sans relâche,
Et vous découvrirez que votre rêve est réalité,
Lumière de midi et pour vous vérité."
Ellen S. Hooper

"Vous direz peut-être que je rêve, Mais je ne suis pas le seul,
Et j'espère qu'un jour vous nous rejoindrez."
John Lennon

"Je crois que l'homme rêve uniquement pour ne pas cesser
de voir; il se peut qu'un jour la Lumière intérieure jaillisse
de nous, Si bien qu'aucune autre ne nous serait plus nécessaire."
Goethe

"Hier j'ai rêvé que je voyais
Dieu et que je lui parlais;
Et j'ai rêvé que Dieu m'entendait...
Puis j'ai rêvé que je rêvais.
Le rêve est explosif. Eclate. Redeviens soleil."
Octavio Paz

"Je rêve de Jeannie, aux longs cheveux châtains."
Chanson

"Je rêve d'un Noël blanc."
Chanson

"Amant de mes rêves, mets tes bras autour de "moi"."
Chanson

"Je rêve de toi dans la lueur de la cheminée."
Chanson

"Sors de mes rêves pour entrer dans mes bras."
Chanson

"Je rêve de toi plus que tu ne rêves de "moi"."
Chanson

"Ce que tu veux, c'est réaliser un rêve."
Chanson

LES RÊVES INVENTIFS

Elias Howe

De nombreux inventeurs ont puisé dans leurs rêves des observations qui les ont amenés à des découvertes contribuant au développement de notre société et de notre mode de vie.

Au XIXe siècle, un dénommé Elias Howe rêva que des sauvages jetaient des sagaies dont chacune était percée en sa pointe d'un trou en forme d'œil. En se réveillant, il comprit aussitôt qu'il venait de résoudre le problème de l'emplacement du chas de l'aiguille pour sa nouvelle invention qui allait devenir la machine à coudre.

Friedrich August von Kekule

"Apprenons à rêver, messieurs...", fut la remarque que fit Friedrich August von Kekule, professeur de chimie à Gand, lors de la séance inaugurale d'un congrès scientifique en 1890. Pour expliquer sa déclaration, il raconta alors comment lui-même avait su profiter de ses rêves. Après avoir vainement cherché à découvrir la structure moléculaire du tri-méthyle-benzène, il expliqua comment la solution lui était apparue en rêve: "Je tournai ma chaise vers le feu et m'assoupis. Les atomes dansaient de nouveau devant mes yeux. Cette fois-ci, les plus petits groupes se tenaient modestement à l'arrière-plan. Mon œil, rendu plus perçant par la répétition de visions de cette sorte, distinguait maintenant de plus grosses structures aux formes très variées: de longues rangées, parfois étroitement associées et se tordant toutes en mouvements serpentins. Mais, que vis-je ? Qu'était-ce là ? Un de ces serpents venait de se mordre la queue et la forme ainsi obtenue tournait d'un air moqueur devant mes yeux. Je m'éveillai alors en un éclair." À partir du serpent se mordant la queue, le professeur Kekule parvint à comprendre la chaîne fermée, ou théorie du cycle benzénique, qui sous-tend la structure du benzène. Une découverte qui allait révolutionner la chimie organique.

James Watt

James Watt rêvait souvent qu'il se promenait sous une pluie de boules de plomb. Il finit par en tirer la conclusion que Si on laissait tomber du plomb fondu d'une grande hauteur, il se formerait alors de petites sphères. Il mit à l'épreuve son hypothèse qui s'avéra juste : il venait de découvrir les roulements à billes, et ne refit plus jamais ce rêve.

Le professeur français

Un professeur de théologie français devait lui aussi faire une expérience semblable, même Si les retombées furent plus modestes. Il éprouvait de sérieuses difficultés à déchiffrer une inscription babylonienne dont le sens continuait de lui échapper alors même qu'il avait consulté les plus grandes autorités à ce sujet. La réponse lui vint la nuit dans un rêve ; il vit apparaître un prêtre babylonien qui remit pour lui de l'ordre dans les symboles du texte qui, instantanément, se transforma en un message clair et cohérent.

La musique

Nombreux sont les musiciens qui ont entendu leurs compositions pendant leurs rêves. L'un des plus sensationnels exemples de ce phénomène est celui de *La Trille du diable*, de Giuseppe Tartini, un compositeur italien qui raconta à l'astronome Lalande l'histoire de cette sonate qu'il composa à l'âge de 21 ans, histoire relatée par Lalande dans ses récits de voyage. Tartini aurait rêvé avoir vendu son âme au diable avant de lui donner son violon pour voir Si celui-ci saurait en jouer. Voici ce qu'il raconta à Lalande : "Quel ne fut pas mon étonnement lorsque je l'entendis jouer avec une parfaite maîtrise une sonate d'une telle beauté qu'elle surpassait les plus audacieux rêves de mon imagination. J'étais enthousiasmé, enchanté, transporté, le souffle me manquait, au point que je m'éveillai. M'emparant de mon violon, j'essayai de reproduire les sons que je venais d'entendre, mais en vain. Bien que très loin de la pièce que j'entendis en rêve, celle que je composai alors, *La Trille du diable*, s'avéra une des meilleures compositions que j'aie jamais écrites.

LES RÊVES, L'ART ET LE SURRÉALISME

Les rêves historiques et bibliques fournissent depuis le XIe siècle d'intéressants sujets de tableaux aux artistes, mais il a fallu attendre le mouvement surréaliste pour voir saisies psychologiquement l'essence et la force même des rêves. Le surréalisme, école artistique fondée en France en 1924, cherchait à exprimer les rêves et les pulsions de l'inconscient en images ou en mots. Les cauchemars n'étaient pas étrangers à l'imagination des artistes (Goya, par exemple, avait auparavant excellé dans ce domaine), mais nul n'avait encore vraiment essayé de rendre l'atmosphère et le message symbolique contenus dans les rêves. "Le surréalisme repose sur la croyance en la toute-puissance des rêves", disait André Breton, souvent appelé le "pape" du surréalisme. Ce mouvement, qui connut son apogée dans les années 30, fut nettement influencé par les découvertes de la psychanalyse. Freud insistait fortement sur la nécessité des associations d'idées ainsi que sur le refoulement des pulsions sexuelles, tandis que Jung, lui, insistait sur les valeurs symboliques présentes dans l'inconscient. Les toiles s'inspirant de ces découvertes allaient choquer le monde artistique, le secouer jusqu'en son tréfonds. Aujourd'hui encore, ceux qui refusent de comprendre les rêves considèrent cette forme artistique comme n'ayant aucune valeur.

Les peintures de Salvador Dali, qui portent des titres tels que *Persistance de la mémoire*, *Naissance des désirs liquides* ou encore *Le Grand Masturbateur*, reflètent clairement des rêves de type freudien. Téléphones, montres et meubles mous, béquilles, plages désertes, embryons et figures œdipiennes s'associent pour reproduire l'inquiétante atmosphère de rêves, de malaises et d'obsessions. À l'inverse, Max Ernst, dans des peintures comme *La Nymphe Écho*, *L'œil du silence*, *Le Jardin de la France* ou *L'Europe après la pluie* peuple ses toiles de forêts archétypales, de soleils brûlants, de femmes à tête d'oiseau, de rochers se dressant dans le ciel, de marais silencieux et de figures mystérieuses reflétant assez bien le concept jungien des rêves.

D'autres artistes de ce groupe choisirent de dépeindre des rêves anxieux, de révéler des sentiments de peur et de terreur sous des formes diverses. Les rêves hypnagogiques, qui montraient des images à mi-chemin entre l'éveil et le sommeil, connurent aussi une certaine vogue.

En ouvrant la porte d'un monde intérieur, le surréalisme a contribué à améliorer notre compréhension de la nature de l'art, de l'homme et de l'essence des rêves, dans la mesure où ceux-ci ressemblent fort à des peintures.

RÊVEURS, VISIONNAIRES ET GÉNIES

On a dit, et peut-être à juste titre, que Léonard de Vinci avait été le plus grand génie que l'humanité ait jamais connu. Inspiré par ses rêves, il fut un peintre, un sculpteur, un architecte, un compositeur, un écrivain et un inventeur hors du commun. Entre autres, il conçut un sous-marin et un avion, 500 ans avant que ces machines ne fassent leur véritable apparition au XXe siècle.

Un génie est un visionnaire et un visionnaire est un rêveur. Nous rêvons tous, et nous sommes peut-être tous des visionnaires, mais nous ne sommes pas tous des génies. La différence entre les Vinci de ce monde et les autres est que les premiers peuvent retenir une idée ou une pensée qui leur vient en rêve au cœur de la nuit et la transformer en réalité. Pour eux, le vrai monde est celui de l'intérieur et, par-dessus tout, ils savent écouter non seulement les autres, mais aussi cette petite voix discrète qui vient de l'intérieur.

Les rêves des gens célèbres, dont certains furent des êtres infâmes, ont sans nul doute contribué à façonner le monde que nous connaissons aujourd'hui. Il n'en reste pas moins que leurs rêves ne sont pas d'une nature différente des nôtres. Nous faisons tous des rêves prophétiques, nos rêves peuvent tous nous avertir ou nous inspirer, mais Si nous ne les acceptons pas comme des sources d'idées originales et de puissance, Si nous refusons de reconnaître qu'ils peuvent nous apporter les solutions dont nous pouvons avoir besoin dans notre vie quotidienne, ils se contenteront de rester discrètement cachés dans notre subconscient, comme des amis timides. En revanche, dès que nous savons les reconnaître, ils viennent à nous pour nous aider à mettre de l'ordre dans la maison de notre âme. Mais avant tout, comme le disait le professeur Kekule, il faut apprendre à rêver.

Les rêves et le rationalisme

Au cours des siècles, le phénomène des rêves a connu différentes approches donnant lieu à diverses théories, dont l'une, connue sous le nom de théorie du bon sens, ou encore théorie rationaliste, s'avéra très fructueuse. Laissant de côté les analyses freudiennes et jungiennes, cette théorie, fondée sur les évolutions les plus récentes de la recherche scientifique, visait à prouver que les rêves n'étaient qu'une émanation de notre corps. Pour ses adeptes, indigestion, fatigue musculaire, douleur, fièvre et soucis sont autant d'éléments qui viennent déranger notre sommeil sous forme de rêves et cauchemars.

DONNÉES SCIENTIFIQUES

C'est l'invention du moniteur d'ondes cérébrales qui a permis le développement de ces recherches depuis une cinquantaine d'années. L'utilisation de cet instrument rend cette approche très différente de l'approche psychanalytique qui, elle, inclut des éléments d'ordre psychologique, religieux, philosophique et mystique. Il s'agit ici d'opérer des expériences sous contrôle scientifique, expériences qui doivent donc pouvoir être répétées autant de fois que nécessaire, pour produire des résultats chaque fois identiques. Mais on a tôt fait de s'apercevoir que les rêves ne se comportent pas comme des animaux de laboratoire, quel que soit le degré de perfectionnement des appareils utilisés. Aussi, les théoriciens ont-ils été rapidement confrontés à des résultats infirmant leurs hypothèses de départ. Cette approche scientifique a tout de même eu le mérite d'apporter une dimension nouvelle à l'étude des rêves.

LES ONDES CÉRÉBRALES

Au début du siècle, des physiologistes ont découvert que les nerfs et les muscles, y compris le muscle cardiaque, produisaient des impulsions électriques. À la fin des années 20, une autre recherche permettait de croire que le cuir chevelu émettait des ondes semblables. On en déduisit alors que ces ondes, baptisées "alpha" et "bêta", provenaient du cerveau. Depuis, les ondes "delta", "thêta", "mu", "gamma", "vertex" et "k" sont venues grossir les rangs. On obtient le tracé de ces ondes en plaçant des électrodes sur le corps et la tête du sujet aux endroits où l'énergie électrique de son activité interne est le plus aisée à capter. Les ondes sont ensuite amplifiées, puis traduites sous forme de courbes sur un écran ou sur du papier. Ces tracés s'appellent électrocardiogrammes (ÉCG) lorsqu'ils enregistrent l'activité du cœur et électroencéphalogrammes (ÉEG) lorsqu'il s'agit d'activité cérébrale. Ces appareils s'intègrent dans un ensemble de moyens connu sous le nom de "biofeedback", car ils permettent de donner des renseignements sur des activités internes imperceptibles. Le perfectionnement du matériel électronique a permis de faire des enregistrements de plus en plus précis de l'activité cérébrale et, dès les années 50, on pouvait repérer deux états de sommeil distincts: le rêve et le non-rêve. Depuis lors, des querelles concernant les termes employés et les résultats obtenus par les différents chercheurs n'ont cessé de faire rage. Au point que, dans les années 60, chaque laboratoire de recherche ou presque utilisait sa propre terminologie pour définir les différents états de sommeil. Parmi ces termes, on trouvait "profond et léger", "actif et calme", "calme et actif", "désynchronisé et synchronisé", "haut et bas" et enfin, les plus en vogue à cette époque, "paradoxal et orthodoxe".

LES STADES DE SOMMEIL AVEC ET SANS MOUVEMENTS OCULAIRES RAPIDES

On finit par remarquer que les périodes de rêve coïncidaient avec des périodes de mouvements oculaires rapides, Si bien que cette période fut baptisée REM, acronyme de "Rapid Eye Movement" (mouvements rapides des yeux) et, par opposition, les périodes d'absence de rêve furent nommées Non-REM ("Non-Rapid Eye Movement"). Les premières expériences effectuées dans les années 60 sur des sujets volontaires utilisaient sept électrodes. Les trois premières enregistraient l'activité corticale du cerveau, la quatrième et la cinquième les mouvements des yeux, la sixième s'occupait du tonus de la zone externe du cou et la septième des battements du cœur. La technique employée aujourd'hui est très semblable. Les chercheurs furent d'abord très surpris de constater que, au moment même où le sujet fermait les yeux, les ondes cérébrales du cortex changeaient complètement, comme s'il s'apprêtait à dormir. On remarqua que pendant la période de sommeil proprement dite on pouvait diviser les courbes obtenues en six catégories, baptisées stades A, B, C, D, E et F.

Le tracé du stade A ressemble très fortement à celui de la période éveillée, quand le sujet ferme les yeux. Le stade B, qui survient quelques minutes plus tard, présente un tracé très distinct du précédent : les ondes sont plus lentes et d'un voltage plus bas, c'est le stade où les yeux du dormeur commencent à se déplacer lentement. Le stade C, qui survient quelque 10 minutes plus tard, montre que les ondes lentes sont organisées autour de rythmes en fuseau alors qu'il n'y a pratiquement aucun mouvement des yeux - Si bien que l'on considère que le sujet est totalement endormi. Le stade D diffère du stade C principalement par une plus grande lenteur des ondes et un voltage supérieur. Le stade E montre, lui, un voltage encore plus élevé, mais des ondes encore lentes, tandis que les yeux ont cessé toute activité. Le stade F ; en revanche, apporte un schéma tout à fait différent : les ondes lentes de haut voltage cèdent la place à des ondes rapides de faible voltage, tandis que les yeux entrent dans une phase d'intense activité. Le cou perd alors son tonus habituel et le cœur; qui s'était maintenu à un rythme stable tout au long des stades A, B, C, D et E, perd à ce moment de sa régularité. C'est donc cette activité oculaire intense de la phase P qui finit par donner son nom de REM à ce stade du sommeil, tandis que les phases A, B, C, D et E furent rebaptisées 1, 2, 3, 4 et 5, et regroupées dans la catégorie des phases sans mouvements oculaires rapides et sans rêves.

Pendant la nuit, nous traversons une série de cycles d'une durée totale approximative de 90 minutes, au cours desquels alternent la phase avec mouvements oculaires rapides (REM) et les 5 phases sans mouvements oculaires rapides (Non-REM). Nous commençons au stade i en sommeil lent (sans mouvements oculaires rapides), puis passons aux stades 2, 3, 4 et 5, toujours en sommeil lent, avant d'attaquer une phase de rêves en sommeil REM. Ce schéma se répète cinq, six ou sept fois par nuit, selon la quantité de sommeil dont nous avons besoin. Vers le matin, la durée des phases de sommeil lent décroît alors que celle de la phase de sommeil REM augmente, ce qui explique que nous nous souvenions mieux de nos rêves du matin puisque c'est à ce moment que nous vivons les plus longues plages de sommeil à rêves.

Ce schéma répétitif d'un cycle de 90 minutes explique peut-être aussi pourquoi les insomniaques qui se réveillent au milieu de la nuit éprouvent des difficultés à se rendormir avant qu'une heure et demie ne se soit écoulée - en d'autres termes, jusqu'à ce qu'ils aient laissé passer un cycle entier de sommeil pour rattraper le suivant. Parler de sommeil sans rêves n'est peut-être pas aussi simple qu'on pourrait le croire, car les observations suivantes, effectuées en laboratoire, montrent que le cerveau est très actif, y compris pendant les périodes de sommeil lent, ou sommeil sans rêves. Peut-être serait-il préférable de définir des catégories de rêves plutôt que des catégories de sommeils ? En effet, 80 % des sujets réveillés pendant la phase de sommeil REM pouvaient fournir une description visuelle des scènes de leurs rêves. A l'inverse, seulement 7 % des sujets réveillés pendant un sommeil lent pouvaient décrire un rêve. Cependant, quand on leur demandait "Pensiez-vous à quelque chose?" au lieu de leur demander "Avez-vous rêvé ?", 87 % des sujets réveillés en sommeil REM se souvenaient de scènes visuelles, tandis que 74 % des autres se souvenaient avoir exercé une activité cérébrale, même s'il ne s'agissait pas à proprement parler d'un rêve visuel.

Il est donc possible que nous nous occupions de problèmes quotidiens pendant notre sommeil lent et que nous soyons aux prises avec des enjeux plus intimes et symboliques dans les périodes de vrais rêves. Cette idée fut en partie confirmée dans les années 60 par une théorie, selon laquelle le sommeil paradoxal (aujourd'hui appelé sommeil REM) donne le souvenir d'aventures plus extraordinaires, plus mystiques que le sommeil orthodoxe, maintenant appelé sommeil lent, ou Non-REM.

LES ANIMAUX

Tous les fiers propriétaires de chiens ou de chats savent bien que leurs animaux de compagnie font des rêves. Les études scientifiques effectuées sur les mouvements des yeux des animaux ont abouti aux mêmes résultats que celles faites sur les humains. Il semble donc que les poissons ne rêvent jamais et que les oiseaux ne consacrent que 0,5 % de leur temps de sommeil à rêver (ce qui ne correspond absolument pas aux observations faites par des propriétaires d'oiseaux domestiques : ceux-ci affirment que leurs oiseaux parlent fréquemment 10 minutes d'affilée dans leur sommeil et qu'il faut même parfois qu'ils interviennent pour les arrêter). Il est possible, bien évidemment, que les animaux, à l'instar des humains, réagissent différemment en laboratoire.

Les reptiles, les tortues, les serpents et les iguanes ne rêvent jamais, bien qu'ils passent plus de 60 % de leur temps à dormir. Il semble toutefois que les crocodiles passent plus de temps à rêver que les oiseaux. Quant aux mammifères, ils rêvent tous ; il a même été possible de les diviser en deux groupes : chasseurs et chassés. Les chasseurs (chiens, chats, humains, fouines et autres) passent entre 80 % et 85 % de leur temps de sommeil à rêver. Les chassés (bétail, cervidés, chèvres, moutons, lapins, etc.) dorment moins que les chasseurs et, de surcroît, ne consacrent que 6 % à 8 % de leur temps de sommeil en phase de rêves (ou sommeil de type REM). Qui pourrait les en blâmer ? Leur survie dépend en grande partie de leur capacité à garder le contact avec la réalité, Si bien que les rêves symboliques et chimériques du sommeil REM ne leur sont que d'une importance très relative.

LE SOMMEIL

Nous devons dormir avant de pouvoir rêver et chaque nuit nous nous laissons glisser dans une inconscience qui pourrait être terrifiante Si elle ne nous était pas aussi familière. Cet état d'inconscience est souvent bienvenu après une journée épuisante, mais il est possible que cet état soit en fait très semblable au grand sommeil de la mort ; d'ailleurs, des expériences rapportées par des personnes ayant connu une mort clinique se rapprochent de celles vécues en rêves... mais c'est là un autre sujet.

Avant le XXᵉ siècle, les seuls indices dont disposaient les hommes au sujet de la nature de leur sommeil provenaient des souvenirs de leurs rêves; cette situation n'a vraiment changé qu'avec l'invention de matériel électronique permettant d'enregistrer l'activité cérébrale. Auparavant, il était impossible d'explorer le sommeil sans réveiller le dormeur, donc sans détruire le sujet même de l'observation, comme c'était le cas pour l'observation des oiseaux avant l'invention des jumelles.

L'UTILITÉ DU SOMMEIL

Les adeptes de la théorie du bon sens pensaient que le sommeil était destiné à nous remettre physiquement en forme, idée qui s'effondra lorsque l'on s'aperçut que Si on maintenait une personne allongée au repos pendant 24 heures, elle se reposait physiquement, mais encourait une fatigue mentale certaine, voire des dérèglements mentaux Si l'expérience se prolongeait. Des photos prises pendant le sommeil de patients ont montré que le corps fait de constants efforts pour éviter une trop grande relaxation physique ; de même, il est courant de se retourner au moins vingt fois en une nuit, et ce, afin de continuer à fournir un peu d'exercice à nos muscles. Les adeptes de la théorie du bon sens changèrent alors leur fusil d'épaule et décidèrent que nous avions besoin d'un repos mental, en plus du repos corporel.

Ils tournèrent alors leur attention vers le cerveau, le plus important de nos organes, en se disant qu'après tout il lui fallait bien aussi quelques périodes de repos. Mais cette hypothèse ne résista guère plus que la précédente. En effet, on a vite fait de constater que le cerveau était tout aussi actif en période de sommeil qu'en état d'éveil.

En étudiant les données obtenues par l'utilisation de la mesure électronique qui enregistre l'activité cérébrale, les scientifiques comprirent que, même Si les impulsions passaient d'un rythme élevé associé à un faible voltage pendant la veille à un rythme plus lent associé à un voltage plus élevé en période de sommeil, aucune preuve ne leur permettait de croire à une baisse d'activité du cerveau pendant le sommeil. On aurait même pu dire qu'il était plus actif pendant les rêves, ce qui élimina d'emblée l'idée que les rêves auraient pu avoir une origine de nature physique et pathologique.

Pour eux, il était important que le sommeil soit calme (sans activités oniriques), de telle sorte que Si des rêves survenaient, ils ne pouvaient, à leur avis, que déranger le processus normal du sommeil, et de ce fait être anormaux. Nous savons aujourd'hui que c'est exactement le contraire qui est vrai. Si le sommeil présente des troubles, en quantité ou en qualité, les rêves ne surviennent plus normalement, ce qui peut même occasionner des désordres mentaux.

QU'EST-CE QUE LE SOMMEIL

Les diverses tentatives effectuées pour comprendre le sommeil et le cerveau ont abouti à comparer ces derniers à une multitude d'objets divers, dont la radio, le téléphone, la télévision et maintenant l'ordinateur. Certains chercheurs disent aujourd'hui que nous sommes "en ligne" les deux tiers de notre temps. Ainsi, lorsque nous dormons notre cerveau ne serait pas au repos, mais plutôt, à l'instar de l'unité centrale d'un gros système, en train de trier, de remettre en ordre les événements de la journée. Pour ces théoriciens, nos rêves seraient les résidus du tri opéré par notre cerveau. Même en admettant que cette théorie soit correcte, il est bien évident qu'elle ne peut rendre compte que d'une partie de l'ensemble du concept du sommeil et qu'il nous faudra bien plus que des analogies avec des gadgets de fabrication humaine pour saisir la réalité dans son ensemble. Il est néanmoins vrai qu'il nous arrive de nous réveiller le matin pour découvrir que nos problèmes se sont atténués pendant la nuit, qu'ils ont parfois été résolus, qu'il nous est même venu des idées et des solutions originales ; il est possible que ces résultats soient attribuables à un travail de notre cerveau effectué à la façon d'un ordinateur triant ses données. Les souvenirs du passé ne sont pourtant pas effacés, contrairement à ce qui se passe dans le cas d'un ordinateur qui, régulièrement, "nettoie" certaines de ses mémoires pour faire de la place aux données nouvelles. Il ne fait aucun doute que le sommeil est un grand réparateur d'énergie, même s'il agit différemment de ce que l'on croyait naguère. L'énergie que nous accumulons durant notre sommeil, d'une nature différente de celle emmagasinée grâce à la nourriture ou au repos physique, a le pouvoir de nous soigner tant physiquement que mentalement.

LES MODIFICATIONS PHYSIQUES PENDANT LE SOMMEIL

Il est certain que de nombreuses choses se passent en nous, tant sur le plan physique que mental, lorsque nous dormons. Ces changements sont responsables d'une partie de nos rêves et cauchemars. Prenons l'exemple classique de la sensation que l'on peut avoir en ratant une marche, sensation qui nous réveille en sursaut. Ce rêve qui se produit dans les premières phases du sommeil est attribuable à un réflexe qui déclenche une brusque contraction musculaire appelée "secousse myoclonique". La sensation de chute, qu'il ne faut surtout pas confondre avec celle de vol ou d'apesanteur; survient aussi en phase de sommeil léger ; elle résulte de notre appréciation mentale de cet état intermédiaire entre le sommeil et l'éveil dans lequel nous sommes alors plongés.

L'impression d'apercevoir un vif éclair lumineux, d'entendre une détonation ou de ressentir comme une explosion à l'intérieur de la tête sont elles aussi attribuables à des causes physiques : il semble en effet qu'une certaine quantité d'électricité statique s'accumule dans les plus gros de nos muscles, en particulier dans les membres. Cette électricité se décharge parfois à l'intérieur de notre corps, produisant alors une sorte de secousse électrique remontant du corps vers la région occipitale du cerveau. Aussi surprenante que puisse être cette soudaine décharge d'énergie, on a déjà remarqué qu'elle pouvait avoir de très nets effets curatifs.

LA PARALYSIE

Il arrive parfois que l'on ressente durant le sommeil la très désagréable sensation d'être paralysé, sensation qui n'est absolument pas le fruit d'un rêve ou de notre imagination. Elle est au contraire bien réelle. En effet, pendant notre sommeil, les réflexes associés à nos membres disparaissent complètement, nous rendant littéralement incapables de bouger. Quand nous intégrons ce facteur dans l'un de nos rêves, c'est généralement au cours d'une histoire où nous sommes poursuivis, mais incapables de bouger! Le sommeil REM précédant de très peu le réveil, il arrive parfois que cette paralysie déborde légèrement sur notre état éveillé, mais elle disparaît dès que nous ouvrons les yeux. Bien évidemment, les mouvements musculaires involontaires tels que battements de cœur et respiration ne sont pas affectés par cette paralysie.

L'APNÉE

Si vous écoutez la respiration d'un enfant endormi, vous remarquerez que de temps à autre il s'arrête de respirer pendant quelques secondes, qui peuvent parfois paraître une éternité pour un parent angoissé. Cette interruption temporaire de la respiration, appelée "apnée", est très courante chez les nouveau-nés et les bébés, et certains adultes en sont affectés jusqu'à la vieillesse. Les bébés prématurés sont particulièrement enclins à ce type de trouble de sommeil juste après leur naissance, souvent on installe dans les incubateurs un système de surveillance électrique qui déclenche une sonnerie dès qu'ils cessent de respirer. Pour relancer le processus de respiration, il suffit alors de leur donner une petite tape. L'accumulation de dioxyde de carbone dans le sang, causée par l'arrêt des expirations, suffit généralement à remettre en marche le mécanisme de respiration automatique, mais chez le bébé prématuré, la coordination entre les deux systèmes, respiration volontaire et involontaire, n'étant pas encore entièrement développée, il vaut mieux y prêter une attention particulière. Les bébés prématurés surmontent généralement ce handicap après quelques semaines.

PERTURBATIONS INTERNES ET EXTERNES

Des stimuli internes et externes, dont l'intensité est insuffisante pour nous réveiller; sont souvent intégrés dans nos rêves. Notre esprit en état de rêve fait preuve de beaucoup d'ingéniosité pour faire figurer tous les bruits extérieurs et les dérangements physiques internes dans les histoires de nos rêves. Il nous faut alors faire le tri lorsque nous tentons d'interpréter nos rêves à notre réveil. Ainsi, le sentiment de paralysie dont nous venons de parler, bien que d'origine purement physique, a néanmoins un sens bien précis. Chaque nuit, nous entrons un certain nombre de fois en sommeil REM et chaque fois, nous connaissons une paralysie temporaire. Pourtant, ce rêve n'apparaît que de façon épisodique : quand il le fait, c'est pour nous avertir ; de façon symbolique, de notre incapacité à nous sortir d'un danger fatal dans notre vie éveillée.

Aussi incroyable que cela puisse paraître, on retrouve sans cesse des traces de ce procédé qui consiste à intégrer de façon symbolique des éléments extérieurs à nos rêves, même Si la plupart du temps nous ne savons pas reconnaître leur origine. La raison de cela réside dans le fait que la source du stimulus n'est d'aucun intérêt pour la compréhension du rêve, ainsi que l'illustre bien l'exemple suivant : "Une femme rêvait que sa sœur sonnait avec insistance à sa porte. Elle finit par se réveiller pour découvrir que ce n'était pas la sonnette de la porte qu'elle entendait, mais celle du téléphone. Bien qu'elle ait été réveillée par une vraie sonnerie, c'est le symbole qu'elle contenait qui importait puisque cette femme avait oublié que sa sœur devait lui rendre visite ce jour-là. Son rêve s'est donc servi d'un élément extérieur pour lui faire passer le message, lui évitant ainsi de se "faire sonner les cloches" par sa sœur oubliée.

Pour ce qui est des stimuli internes, il suffit de se souvenir des avertissements de nos grands-mères nous prévenant que manger du fromage tard le soir provoque des cauchemars. En fait, un casse-croûte tard le soir (même autre chose que de fromage) peut provoquer une légère indigestion chez certaines personnes. Le malaise alors ressenti sert ainsi d'avertissement au dormeur: il lui faut éviter la chose, faute de quoi les cauchemars occasionnés par la nourriture reviendront le perturber.

Une douleur vive nous réveille pour que nous la soignions, mais une autre, plus modérée et persistante, peut donner naissance à un rêve de guérison dans lequel sera proposé un remède.

LES FAUX RÉVEILS

Lune des raisons qui font qu'il nous arrive de nous réveiller en pleine nuit et de voir au beau milieu de notre chambre des phénomènes étranges (telles des apparitions de monstres verts ou de chers disparus) est que nous sommes en fait en train de rêver que nous sommes réveillés. La sensation qui en résulte est Si réelle que bien souvent nous sommes incapables de nous persuader qu'il s'agissait d'un rêve. Bien sûr; on peut toujours se demander ce qui distingue le réel de l'imaginaire, mais cette question, jamais aisée à résoudre lorsque nous jouissons de toutes nos facultés, l'est encore moins au beau milieu de la nuit lorsque nous sommes plongés dans nos rêves.

L'HYPNOSE ET L'APPRENTISSAGE PAR L'HYPNOSE

Il existe certaines correspondances entre l'hypnose et le sommeil - après tout, Hypnos n'était-il pas pour les Grecs le dieu du sommeil ? Un sujet sensible à l'hypnose réagira bien aux suggestions qui lui seront faites dans son sommeil, alors qu'un sujet peu réceptif n'y réagira tout simplement pas. Ceci mis à part, les deux états sont très différents, ainsi que le montrent leurs tracés d'EEG.

L'apprentissage pendant le sommeil est une forme de suggestion hypnotique qui connut une certaine vogue au cours des années 50 et 60, lorsque l'on considérait le sommeil comme une regrettable perte de temps. Certains experts, qui pensaient alors que le cerveau ne faisait rien pendant la nuit, en arrivèrent à se dire que l'on pourrait tout aussi bien l'occuper à quelque activité utile, telle que l'apprentissage d'une langue étrangère. Les résultats ne furent pas à la hauteur des espérances: lorsque, par la suite, cette technique fut assimilée à une forme de lavage de cerveau et que l'on s'aperçut qu'elle gênait le fonctionnement normal des rêves, sa popularité décrut très nettement. Nous apprenons effectivement pendant notre sommeil et grâce à nos rêves, mais pas de manière aussi rigoureuse que l'avaient envisagé les chercheurs. De plus, on se rendit compte que, de même que l'on oublie ses rêves, on oublie également ce que l'on a appris pendant son sommeil.

LE SOMNAMBULISME

Le somnambulisme est un phénomène plus répandu chez les enfants que chez les adultes. L'on suppose que c'est parce que les enfants essaient de mettre leurs rêves en application. Il en est de même pour les paroles que nous prononçons dans notre sommeil, phénomène qui a tendance à diminuer en grandissant (même Si certains personnages de la littérature, tels que Lady Macbeth, en ont beaucoup souffert!). Les recherches ont montré que les crises de somnambulisme se déroulent pendant les phases de sommeil non-REM, ce qui invalide partiellement l'hypothèse précédente puisqu'il est tout à fait possible que les somnambules ne soient même pas en train de rêver.

LES RÊVES ET LES OBJETS

Il ne fait guère de doute, l'objet le plus courant dans le monde des rêves est la maison ou un bâtiment. Quelque 40 % des rêves focalisent en effet sur une forme ou autre de bâtiment, qui peut aller d'un petit appartement à un vaste château, voire à une usine étalant la laideur de ses ateliers sur de grandes étendues; 25 % des rêves se concentrent sur une pièce précise, qui peut être la cuisine, la chambre, le salon, la salle à manger; le grenier; la cave, le bureau ou la salle de classe, 15 % mettent en scène des escaliers ou des couloirs, il % ont pour décor des portes, entrées et sorties, alors que 9 % concernent des fenêtres.

Les rêves de rues et de jardins viennent juste derrière, suivis de près par les voyages en voiture, en train, en bus, à cheval, à vélo, en avion et à pied, eux-mêmes talonnés par les ovnis et autres voyages dans l'espace. Nous rêvons aussi beaucoup de natation, de jeux, de pièces de théâtre et de films ainsi que de combats - ces derniers étant cinq fois plus fréquents chez les hommes que chez les femmes. Quant aux rêves sexuels, ils seraient le lot d'autant d'hommes que de femmes.

Parmi 3 000 personnes interrogées, seulement 29 % ont déclaré faire des rêves en couleurs, bien qu'il soit parfaitement possible que nous rêvions tous en couleurs et que seule cette fraction de la population s'en souvienne. Le souvenir des couleurs, tout comme celui du rêve lui-même, s'efface très rapidement au réveil.

On a longtemps cru que les rêves ne duraient qu'une fraction de seconde, mais on suppose aujourd'hui qu'ils peuvent durer de quelques secondes à plus de 30 minutes.

DE COMBIEN DE SOMMEIL AVONS-NOUS BESOIN ?

Les bébés commencent leur existence en consacrant les trois quarts de leur temps à dormir. De plus, ils passent la majeure partie de leur temps en sommeil REM, c'est-à-dire à rêver ; et ce, avant même leur naissance. Une intéressante question se pose alors : "A quoi peuvent-ils rêver ?" Puisqu'ils n'ont aucune expérience du monde extérieur, comment peuvent-ils rêver de quoi que ce soit, demandent les rationalistes ? Comment pourraient-ils être en colère, amusés, heureux ou excités à un âge aussi innocent ? S'il est vrai que les sourires des bébés sont souvent occasionnés par leurs flatulences, qu'en est-il du petit rire de gorge qu'il pousse avant même d'avoir trois semaines et qui disparaît ensuite? Pourrait-il s'agir de quelque plaisanterie très personnelle à laquelle les adultes n'auraient pas accès ? Comment expliquer aussi les terribles cauchemars enfantins, nés d'images terrifiantes bien éloignées de la chaleur et de la sécurité des pouponnières et de l'amour parental ? Le souvenir d'un accouchement difficile et autres mauvais souvenirs ne sont en aucun cas des réponses suffisantes. Les rationalistes éprouvent de sérieuses difficultés à expliquer ces phénomènes qui semblent indiquer que l'enfant a peur de choses qu'il n'a pas encore eu l'occasion de rencontrer. Pour celui qui croit en la réincarnation, de telles terreurs ne sont évidemment pas difficiles à expliquer.

Observons maintenant les adultes : selon des statistiques d'origine française, nous dormons en moyenne 7 heures et 20 minutes par nuit (il s'agit de toute évidence d'une moyenne, cette durée pouvant varier considérablement d'un individu à l'autre). Nous avons d'ailleurs besoin de moins d'heures de sommeil à mesure que nous vieillissons. On a aussi découvert que les hommes dorment plus que les femmes, les extravertis plus que les introvertis et les personnes obèses plus que les personnes maigres.

Il est impossible de trop dormir, mais lorsqu'il nous arrive de dormir plus qu'à l'accoutumée, cela signifie généralement que nous essayons de rattraper du temps de rêve perdu, que nous rechargeons nos batteries, ou encore que nous sommes malades. La plupart des maladies requièrent une plus grande quantité de sommeil, car c'est pendant le sommeil que nous nous guérissons nous-mêmes - ce qui explique pourquoi les enfants dorment Si facilement dès qu'ils se sentent un peu mal.

LES COUCHE-TOT

La sagesse populaire assure qu'une heure de sommeil avant minuit en vaut bien trois après. Des découvertes scientifiques ont prouvé qu'il y avait là plus qu'un brin de vérité : 70 % de notre temps de sommeil sans rêves se fait effectivement pendant le premier tiers de la nuit; Si nous ne dormons pas avant minuit, nous perdons alors une bonne partie de cette importante phase de sommeil. Dans la mesure où ce bon conseil était prodigué à une époque où les gens travaillaient dur physiquement, plus qu'aujourd'hui en tout cas, et allaient se coucher plus tôt, sa validité paraît incontestable. Par ailleurs, on considérait alors, comme naguère les rationalistes (ou tout au moins un grand nombre d'entre eux), que le seul sommeil utile était le sommeil sans rêves.

L'INSOMNIE

Nous nous faisons souvent trop de soucis par rapport au manque de sommeil, et bien que l'insomnie totale soit effectivement épuisante, l'anxiété qu'elle génère ne peut que venir s'ajouter aux problèmes qui en sont la cause. L'insomnie parentale attribuée aux mauvaises nuits des enfants n'est que temporaire et de courte durée; le retour au cycle régulier de sommeil ne devrait en principe poser aucun problème. Par contre, une insomnie parentale prolongée, donc mieux conservée en mémoire, pourrait bien réapparaître des années plus tard : ceci expliquerait peut-être le fait que ceux qui ont élevé une famille souffrent plus souvent d'insomnie que les autres.

Une anxiété tout comme la joie excessive empêchent la venue du sommeil, car ces deux sentiments mettent notre cerveau dans un état de surexcitation que l'on ne peut faire disparaître quand l'heure est venue d'aller au lit. Une insomnie causée par l'excitation est généralement aussi fugitive qu'un rêve, mais celle engendrée par les soucis est hélas plus chronique et peut vite devenir un vrai cauchemar.

DES TRUCS POUR DORMIR

Si le sommeil continue à vous fuir et que vous commencez à vous en ressentir pendant le jour; les somnifères sont alors un moindre mal, mais ils ne vous guériront pas de vos insomnies. Lire au lit peut être un excellent moyen de diriger l'attention de votre cerveau sur autre chose que vos problèmes. Se garder les mains et les pieds au chaud est aussi un moyen efficace pour trouver le sommeil. Adopter un rythme respiratoire régulier proche de celui du sommeil favorise également l'endormissement ; il suffit de compter deux temps pour une inspiration et trois pour une expiration.

C'est l'incessant ressassement de nos soucis qui, dans la mesure où il ne nous mène nulle part, met en marche le cercle vicieux de l'absence de sommeil. Privés de sommeil, nous subissons un amenuisement de nos capacités d'attention et de réflexion, qui se détériorent sensiblement et rapidement ; plus tôt nous nous convaincrons que rester éveillé est une sérieuse perte de temps et plus tôt nous retrouverons le sommeil. Pour ce faire, il peut être utile de s'entraîner à visualiser des scènes imaginaires qui nous aideront à quitter le monde extérieur pour nous rapprocher de celui qui est en nous, celui du sommeil et des rêves; en modifiant ainsi notre état d'esprit, nous nous prédisposons à la venue du sommeil.

La scène que nous choisissons de fabriquer peut être de n'importe quel ordre, pourvue qu'elle ne nous fasse pas revenir par associations d'idées à ce qui nous préoccupe, ou à de douloureux souvenirs. Se représenter le bruit des vagues en s'efforçant de visualiser la mer constitue un exercice très relaxant. On peut aussi s'amuser à imaginer un paradis terrestre sur mesure en le remplissant des personnes, animaux et plantes que nous avons envie d'y voir. Chaque nuit, nous pouvons faire naître ce paradis et y attendre en paix l'arrivée de ces dieux intemporels que sont Hypnos, Morphée et Hermès, qui nous emmèneront dans les contrées reculées du pays des rêves.

LA TÊTE ET LE CŒUR

Que nous en soyons conscients ou non, nous avons tous le choix entre deux systèmes pour résoudre nos problèmes. Lorsque nous sommes éveillés, nous nous servons de notre intellect et de nos capacités de raisonnement, mais lorsque nous dormons, ce sont nos intuitions et notre vision symbolique qui prennent le dessus. De manière figurée, on peut dire que ces deux systèmes proviennent respectivement de notre tête et de notre cœur. Le pouvoir des rêves qui nous apporte les visions inspiratrices fonctionne de manière spontanée, Si bien que la plupart du temps nous ne sommes pas conscients du rôle qu'il joue dans nos vies. Nous disons volontiers que "la nuit porte conseil" à ceux qui traversent des difficultés. La plupart d'entre nous ont déjà fait ce genre d'expérience. Il arrive fréquemment que nous nous couchions l'esprit ravagé par le doute et l'angoisse, pour découvrir au réveil que ce nuage s'est dissipé et que l'espoir est revenu. Nous avons alors souvent tendance à considérer cette amélioration de nos affaires comme allant de soi, quand en fait elle est l'œuvre de nos rêves.

C'est toutefois le mélange de ces deux sources d'inspiration, celle du cœur et celle de l'esprit, qui nous apporte des solutions originales à nos problèmes quotidiens et qui nous permet - pour peu que nous le voulions vraiment - de faire d'authentiques découvertes personnelles. Il nous faut toujours nous rappeler la déclaration du professeur Kekule : "Messieurs, apprenons d'abord à rêver."

LA "SOURCE"

À quoi passe un tiers de notre temps et pourquoi en est-il ainsi? Les rationalistes ont découvert, à leur grande déception, qu'il ne fallait pas nécessairement dormir pour se reposer physiquement et mentalement. Il est vrai que certains processus biologiques tels que production d'hormones, renouvellement de cellules et guérison se déroulent la nuit, mais ils pourraient peut-être aussi se produire alors que nous sommes simplement en train de nous délasser, lorsque nous n'utilisons pas notre énergie à autre chose. Même Si ce n'est là qu'une façon supplémentaire d'aborder le problème du sens des rêves, pourquoi ne pas considérer le sommeil comme notre état existentiel premier puisqu'il constitue tout autant une expérience que la vie éveillée. Un des éléments qui permettent d'arriver à cette conclusion concerne notre naissance, période où nous passons la majeure partie de notre temps au pays des songes. Lentement mais sûrement, nous commençons, grâce à nos cinq sens, à découvrir de plus en plus d'éléments de cette dimension que nous appelons le monde réel. Nous finissons par rester éveillés les deux tiers de notre temps, mais durant notre sommeil, nous retournons chaque fois à notre état premier - état qu'il nous fallut quitter à la naissance en pénétrant dans le monde par l'intermédiaire d'un corps physique qui cherche à s'affirmer pendant les périodes de veille et qui est limité aux trois dimensions que nous connaissons tous. Il s'agit là d'une vision à l'opposé de celle des vieux rationalistes qui pensaient que le sommeil n'était que le grain de sable glissé dans la grande machine de l'état de veille. Il suffit d'inverser entièrement leurs concepts matérialistes pour que la vie prenne un sens totalement différent : voir le "monde réel" exister non plus seulement en dehors de nous, mais bel et bien à l'intérieur de chacun de nous. Nous pouvons ainsi le percevoir comme cette dimension que les religions nomment "le ciel" et que Jung qualifie d'"inconscient collectif". Dans notre sommeil, nous y retournons et nous pouvons y communier avec le reste de la création par l'intermédiaire de nos rêves. Notre énergie et nos inspirations proviennent de cette "Source" - nous ne pourrions en aucune façon les recevoir de notre seul intellect - mais par-dessus tout, nous recevons ainsi des encouragements pour un futur plein d'espoir.

Depuis la fin de la Seconde Guerre mondiale, nous avons vu le rythme de notre vie s'accélérer à un point tel qu'un tiers de notre temps passé en communication avec la "Source" ne saurait suffire à notre équilibre. L'énergie physique que nous dépensons est trop grande en regard de l'énergie spirituelle et psychologique que nous emmagasinons, de sorte que nous cherchons à nous régénérer pendant la journée. Certains tentent de combler cette carence en faisant une petite sieste après le déjeuner; alors que d'autres choisissent la méditation et la relaxation comme activités quotidiennes. En nous livrant à ces pratiques, nous nous efforçons en fait d'entrer en contact avec la grande source divine afin de nous "recharger".

Si nous acceptons la "Source" comme héritage naturel, les rêves, les coïncidences, la télépathie, les fantômes, les ovnis et les mille et une autres choses qui refusent de tenir dans les petites boîtes préparées par notre raisonnement intellectuel (lui-même limité par nos cinq sens) n'ont pas besoin d'explications supplémentaires. Dans notre sommeil, nous revenons cependant au pays des rêves, et, Si nous nous y sentons aussitôt chez nous, nos vies prennent alors une autre dimension. Le monde réel n'est plus ce qu'il semble être et c'est la "Source" qui importe dans tout ce que nous faisons. C'est là que nous étions avant de naître, c'est là que nous allons pendant notre sommeil et c'est là que nous irons à notre mort. C'est ce que voulait dire Shakespeare quand il écrivait "Dormir; rêver peut-être. Ah, c'est l'obstacle!

Car l'anxiété des rêves qui viendront, dans ce sommeil des morts, quand nous aurons repoussé loin de nous le tumulte de vivre, est là pour retenir; c'est la pensée qui fait que le malheur a si longue vie."

Approches psychologiques
et métapsychiques des rêves

Quand on pense à toutes les heures de sommeil accumulées par l'humanité et aux millions de rêves à jamais secrets que les hommes ont faits, il est surprenant de constater que l'on comprenne moins bien les rêves aujourd'hui que ne le faisaient nos ancêtres voici deux, trois ou même quatre milliers d'années. Nous pensons peut-être faire des découvertes en apprenant à utiliser nos rêves pour résoudre nos problèmes et nous comprendre nous-mêmes, mais en fait rien de cela n'est nouveau.

C'est Sigmund Freud, le père de la psychiatrie moderne, qui, en découvrant l'analyse psychanalytique, changea la façon de concevoir les rêves, modifiant ainsi notre façon de percevoir notre personnalité. Ce faisant, il remit à jour de vieux concepts et leur donna de nouveaux noms, mais d'une certaine façon cela ne fit qu'ajouter à la confusion puisque, aujourd'hui encore, il est des gens qui ne savent pas reconnaître leur "ça" de leur "moi".

SCHERNER

En se basant sur d'anciennes techniques d'interprétation des rêves, plusieurs spécialistes du XIXᵉ siècle ouvrirent la voie aux découvertes psychanalytiques que Sigmund Preud allait faire par la suite. En 1861, Scherner introduisit l'idée de la décentralisation à l'intérieur du sommeil, état qui voit les fantasmes et l'imagination prendre le pas sur la pensée et jouer avec elle en transformant les idées en symboles. Il s'appuyait notamment sur la manière dont un sentiment peut, en rêve, se transformer en objet, de façon un peu comparable à ce que dit la Bible dans cette phrase : "Puis le Verbe se fit chair". Notre esprit réalise ainsi d'autres substitutions: le corps sera représenté par une maison, les poumons par un moulin à vent, le cœur par une pendule, le pénis par une flûte et le vagin par une caverne.

STRUPPELL, MAURY, STRICKER, DELAGE ET RADESTOCK

En 1877, Struppell décida que ceux qui rêvaient choisissaient de tourner le dos au monde réel, et que les rêves n'étaient donc que des instruments d'évasion. Il affirma aussi que les stimuli éveillaient chez le rêveur des pensées qui se matérialisaient visuellement dans le contenu de ses rêves et qui progressaient par enchaînement d'idées. Cette théorie des associations allait donner naissance au concept freudien de l'"association d'idées". En 1878, Maury avança que les rêves étaient l'expression d'intuitions refoulées, ce à quoi Stricker ajouta, en 1879, qu'une personne sur cinq avait peur de voleurs dans ses rêves, ces voleurs étant évidemment imaginaires, mais les peurs, elles, étant bien réelles. Il poursuivit en soutenant que l'on devait comparer la fonction des rêves à celles des intestins et de la vessie, reconnaissant ainsi qu'ils jouaient le rôle d'un processus mental chargé d'éliminer les pensées inutiles. Toujours en 1879, Delage vit que des impressions refoulées pouvaient donner lieu à des sujets de rêves ; à la même époque, Radestock s'attacha à décrire les images de rêves comme autant de signes de souhaits à réaliser. Ce ramassis de souvenirs d'enfance, de peurs, de désirs sexuels, de déceptions, de substitutions, de symbolisations et de complexes à propos des rêves avait donc été énoncé dès la seconde moitié du XIXe siècle, mais il fallut le travail de Freud pour rassembler le tout dans une théorie cohérente.

SIGMUND FREUD (1856-1939)

Le professeur S. Freud était bien loin de penser que les rêves étaient les égarements d'un esprit dont le propriétaire aurait perdu le contrôle. Bien au contraire, il les concevait comme des scènes provenant de notre inconscient et sous-tendant notre conscient. Il pensait au début qu'ils étaient les reflets de nos expériences conscientes, car il y reconnaissait des symptômes d'hystérie, de comportement anormal et même de maladies physiques, dans une projection symbolique. L'hystérie, schéma comportemental anormal, et les symptômes physiques sont déjà en eux-mêmes symboliques dans la mesure où ils ne sont que les effets secondaires d'une cause primaire. Une irritation cutanée est, par exemple, un effet physique en même temps qu'elle est un symbole reflétant une cause cachée. De même, une personne qui vomit facilement peut très bien manifester de façon symbolique qu'elle refuse de "digérer" un certain nombre de faits matériels.

En encourageant ses patients à parler longuement de leurs rêves et des idées qu'ils faisaient surgir en eux, Freud parvint à mettre au point cette technique maintenant connue sous le nom de "libre association d'idées". Aussi irrationnelles que puissent paraître les idées en question, l'évitement de la vérité lui semblait visible par son absence même. De là vinrent les théories du refoulement et de l'accomplissement du désir. Après avoir formulé ces associations d'idées, Freud continua à dresser la liste de ce qu'il appelait les "complexes habituels", que Jung décrivit par la suite comme étant "ces points sensibles de la psyché qui réagissent le plus aux stimuli et perturbations". Ces complexes sont des secrets intimes profondément enfouis et jalousement gardés, dont nous savons maintenant qu'on peut les atteindre grâce à la libre association d'idées dans les rêves. Le test de la tache d'encre, ou test de Rorschach, fournit un excellent stimulus pour la mise en route de ce processus - il en va de même pour toute autre forme irrégulière : c'est là qu'il faut rechercher l'origine de la voyance dans des objets tels que boule de cristal ou marc de café. Signalons au passage que Léonard de Vinci avait déjà reconnu la valeur de cette réaction en chaîne lorsqu'il écrivait : "Il ne devrait pas vous être difficile de vous arrêter de temps à autre pour regarder les taches sur le mur; les cendres dans le feu, les nuages dans le ciel ou même la boue, dans lesquels vous trouverez de merveilleuses idées."

Freud travailla énormément pour prouver que tous les rêves représentaient un accomplissement du désir. "l'accomplissement d'un désir est son seul but et même les rêves pénibles doivent être analysés comme représentant l'accomplissement d'un désir", enseignait-il. Il lui était cependant difficile de rendre compte des peurs et angoisses en termes d'accomplissement du désir.

Il remarqua aussi que des fragments de rêves subsistent parfois à l'état de veille et qu'ils viennent se mêler à de vrais souvenirs. Cette observation, associée à d'autres faites sur des patients hystériques sous hypnose, finit par l'amener à jeter les bases de la théorie psychanalytique. Dès 1893, il fit part de ses conclusions et déclara que les symptômes physiques extrêmes constatés dans les cas d'hystérie étaient attribuables non pas à des modifications pathologiques, mais à une énergie psychique émotionnelle qui se transformait en symptômes physiques. Par la suite, il affirma que cette énergie psychique était de nature sexuelle et ses travaux sur les rêves finirent par le convaincre que les symboles que l'on y rencontre étaient des projections de complexes sexuels refoulés mêlés à des sentiments de culpabilité.

"Moi", "ça" et "surmoi"

Freud s'aperçut aussi que le psychisme humain pouvait se diviser en trois entités : le "moi", le "ça" et le "surmoi". Le "moi" étant la partie consciente de nos pensées, que l'on pourrait comparer à notre corps; le "ça" étant l'entité de nos instincts, nos pulsions primitives; et le "surmoi" étant l'entité capable de contrôler cette part instinctive, en quelque sorte notre conscience ou notre âme. Freud pensait que pendant le sommeil notre "moi" passait à l'arrière-plan et que notre "ça" prenait le dessus, un peu à la manière de la "bête qui sommeille en nous" évoquée par Platon. Ceci se manifestait par des pulsions sexuelles et d'autoprotection qui pouvaient prendre des formes agressives. Pour protéger le "moi" et le "surmoi" d'aussi flagrants désirs sexuels, le "ça" déguisait ses pulsions derrière des masques symboliques fantasmatiques (afin de leur épargner un trop grand choc). La vague de puritanisme et de fausse pudeur qui déferlait sur l'Europe du XIXe siècle nous porte à croire que ce code avait sa raison d'être à l'époque. Passé à la loupe des tenants de la libération sexuelle, il peut sembler aujourd'hui ridicule, mais il n'en demeure pas moins que la psychanalyse freudienne fonctionne pour certains d'entre nous et que les associations d'idées peuvent permettre la découverte de dangereuses peurs secrètes. Les rationalistes allaient quant à eux découvrir qu'il existait plusieurs façons d'aborder le rêve et que les nouvelles voies suggérées allaient confirmer son importance.

CARL GUSTAV JUNG (1875-1961)

Bien qu'il fût l'élève de Freud, Carl Gustav Jung refusait d'admettre que le refoulement sexuel soit la cause de tous les rêves; mais en fait, il se dissocia des théories freudiennes bien avant cela, ainsi qu'il l'explique dans *L'homme et ses symboles* : "Freud attachait une importance toute particulière aux rêves en tant que points de départ de tout le processus de libre association. Après quelque temps, je commençai à percevoir que cela ne représentait qu'un émoi trompeur et inadéquat des riches fantasmes que l'inconscient produit pendant nos rêves. Mes doutes se confirmèrent vraiment quand un collègue me raconta ce qui lui était arrivé lors d'un long voyage ferroviaire en Russie. Bien qu'il fût incapable de parler le russe et de déchiffrer l'alphabet cyrillique, il se mit à passer de longs moments à observer ces étranges lettres et sombra dans une rêverie au cours de laquelle il leur imaginait toutes sortes de significations. Une idée en amena une autre et il s'aperçut que cette association libre avait fait renaître de nombreux souvenirs. Cette anecdote m'ouvrit les yeux au fait qu'il n'était pas nécessaire d'utiliser un rêve comme point de départ du processus de libre association.

Cette anecdote montre aussi que Jung eut très tôt des idées bien à lui en ce qui concerne les rêves; il pensait qu'ils remplissaient une fonction propre indiquant une idée ou intention sous-jacente, non visible au premier regard. Il commença alors à prêter attention à la forme même des rêves, plutôt que de se lancer tête baissée sur la piste des associations d'idées. Son approche était diamétralement opposée à celle de Freud: toute idée qui n'était pas directement reliée à l'objet du rêve devait être chassée plutôt que stimulée; une telle approche ne pouvait déboucher sur la découverte de complexes, mais à l'instar des devins de jadis, Jung voyait dans les rêves des puissances qui dépassaient de loin les traits névrotiques des individus. À cet égard, on pourrait dire que sa devise était: "Certes! Mais revenons vers le rêve au lieu de nous en éloigner."

"Anima" et "animus"

Par l'examen détaillé des rêves et croyances antiques, Jung découvrit que l'univers fonctionnait selon un schéma de dualité et que cette qualité existait aussi bien chez les êtres humains que dans la nature. Il constata que cette dualité s'exerçait non seulement sur le plan physique (où la présence d'hormones mâles et femelles chez les représentants des deux sexes traduit nettement ce caractère double>, mais aussi sur le plan psychique. Il baptisa alors "anima" l'élément féminin de la personnalité masculine et "animus" l'élément masculin de la personnalité féminine. De cette division de la personnalité naquit la notion selon laquelle 1 inconscient serait très différent du conscient, idée que Jung illustra à partir du rêve suivant: "Un homme rêva d'une femme débraillée et vulgaire qui lui semblait être sa femme, alors qu'en réalité sa femme était très différente de cela." Ce rêve était inacceptable tel quel, aussi le rejeta-t-il. Mais quand Jung lui appliqua son concept de dualité, l'"anima" de l'homme entra en scène, signifiant ainsi qu'il négligeait le côté compatissant et féminin de sa propre nature. Cela lui montra qu'il se comportait comme une femme dégénérée, dont on attendait une autre attitude. À l'inverse, le rêve d'une femme qui mettrait en scène un chevalier vêtu d'une étincelante armure refléterait son côté courageux et positif.

Tout au long de notre vie, nous suivons un processus que Jung appelait l'individuation, processus par lequel les deux aspects de notre "moi", l'"anima" et l'"animus", le féminin et le masculin, tentent de s'unir. Mais un tel mariage mystique est très rare, car peu d'entre nous reconnaissent le vrai sens des rêves au niveau pratique - sans parler du niveau métapsychique.

Signes, symboles, archétypes et inconscient collectif

Si les signes et les symboles ne sont pas une invention purement jungienne, les concepts d'archétypes et d'inconscient collectif le sont. Jung donnait cependant aux deux premiers éléments de cette liste un sens qui lui était propre: "Le signe est toujours moins que le concept qu'il représente, alors que le symbole représente toujours plus que son premier sens immédiat : j'appelle archétypes, ou images primitives, les vestiges archaïques."

En d'autres mots, on pourrait dire que la marque déposée ou le logo d'une entreprise est le signe de quelque chose d'autre, mais comme ce signe est inventé, il ne pourra jamais accéder au statut de symbole. En revanche, un symbole nous indique quelque chose de caché et c'est ce qui se produit spontanément dans nos rêves. Les symboles surgissent, ils ne sont pas une invention de notre conscient et, en cela même, ils constituent notre principale source de connaissance en ce domaine (d'autant qu'ils se manifestent dans les rêves comme dans les rêveries, les visions et les phénomènes psychiques).

Les archétypes apparaissent dans les rêves, les rêveries éveillées, les visions et les phénomènes psychiques sans que le rêveur ait eu au préalable connaissance de leur existence. Un archétype est forcément un symbole, mais un symbole n'est pas forcément un archétype. On peut expliquer l'existence des archétypes dans les rêves par le fait que les images primitives font partie d'une mémoire ancestrale héritée. Tout comme nous héritons de caractéristiques physiques remontant à des formes de vie très lointaines, nous sommes aussi détenteurs d'essences mentales primitives qui naissent de la psyché collective. Un archétype n'est donc pas forcément une image mythologique, même Si on le représente souvent ainsi (à tort). L'image mythologique, elle, est le symbole d'une force sous-jacente. Ici réside tout le mystère des dieux antiques, qui représentaient et symbolisaient une force ou un principe de l'univers et de la nature.

Jung choisit d'appeler la source de tout ceci "inconscient collectif", mais cette idée n'est pas vraiment nouvelle, ainsi qu'il le disait lui-même : "C'est le fondement de tout ce que les anciens appelaient l'harmonie de toute chose." Quel que soit le nom que l'on choisisse de lui donner, il semble s'écouler de ce réservoir universel un fleuve de souvenirs cosmiques à la rencontre desquels nous allons dans nos rêves, à moins que ce ne soient eux qui viennent à notre rencontre.

Il n'est pas facile de comparer les concepts freudiens de "ça", "moi" et "surmoi" avec les notions jungiennes d'"inconscient", de "conscient" et d'"inconscient collectif", bien qu'il semble possible d'établir des rapports entre les degrés de conscience qu'ils supposent. Leurs contenus sont en revanche complètement différents. Le "ça" freudien, par exemple, est, comme l'"inconscient" jungien, une sous-région de l'esprit. Mais le "ça" est davantage un simple entrepôt qui déborderait de pulsions sexuelles, alors que l'"inconscient" jungien contient l'"anima" et l'"animus", les moitiés complémentaires de notre "moi". La principale différence entre les approches freudienne et jungienne des rêves réside dans la différence de méthode que deux analystes, tenants de chacune de ces théories, appliqueraient au même rêve. Prenons un rêve dont le principal symbole serait une pomme. L'association d'idées freudienne, fonctionnant beaucoup sur les jeux de mots et les assonances, pourrait donner quelque chose comme cela: "Pomme, pomme d'Adam, dents, baiser, fornication." Un analyste jungien appliquerait plutôt la lecture suivante : "Pomme, connaissance, sagesse, mais que faire de cette pomme? Pomme, nourriture pour l'esprit, source de réflexion. Pomme, arbre de vie, arbre généalogique, problèmes familiaux. Retour à la pomme, tentation dans le jardin d'Éden." En utilisant les sens directement associés au symbole de la pomme, le sens sous-jacent finit par se révéler. Autre différence : Jung analysait les séries de rêves pour arriver à démêler les problèmes de son patient, alors que Freud préférait se concentrer sur un seul rêve à la fois en le considérant comme un événement isolé.

ALFRED ADLER (1870-1937)

Pour Alfred Adler, le concept d'"inconscient" n'avait pas le même sens que pour Freud ou pour Jung. Aussi n'est-il guère surprenant qu'il n'ait vu dans les rêves qu'une forme exagérée des rêveries éveillées d'une personne qui prend ses désirs pour des réalités. Il les comprenait comme des accomplissements du désir, même s'il n'employait pas ce terme, pas plus d'ailleurs qu'il ne reconnaissait le sexe comme un thème récurrent. Toutefois, en se référant à Freud pour la notion des complexes, il parvint à en isoler un qu'il divisa alors en deux, les complexes d'infériorité et de supériorité, devenus très célèbres depuis lors. L'origine de ces termes remonte à des observations qui l'amenèrent à penser que la présence d'un défaut ou d'une difformité pouvait amener la victime à surcompenser par sa personnalité.

Il cita ainsi l'exemple du Kaiser, victime d'une paralysie au bras. Adler nous dit qu'il compensa cette infériorité en développant une soif de pouvoir qui l'amena à vouloir dominer le monde. On peut observer d'autres cas de compensation chez les hommes de petite taille qui, en public, se montrent particulièrement autoritaires. En revanche, Si les objectifs sont trop difficiles à atteindre, ceux qui en sont victimes peuvent faire une dépression nerveuse et se forger des excuses telles que : "Si je n'avais pas eu la grippe, j'aurais réussi sans difficulté." Ces récriminations sont caractéristiques de personnes qui surcompensent et qui laissent leur supériorité les égarer. Mais d'après Adler, rien de tout cela ne se manifeste dans les rêves.

Selon Adler, le désir de pouvoir est une caractéristique exclusivement masculine, mais Si l'on accepte les concepts jungiens d'"anima" et d'"animus", il est possible de le reconnaître également chez des femmes. On voit aussi qu'Adler avait du mal à distinguer la rêverie éveillée (un petit garçon qui s'imagine champion de boxe ou un employé qui se voit prendre la place de son patron) des rêves nocturnes d'accomplissement du désir, ce qui ne l'empêchait pas d'admettre que des rêves puissent refléter de façon symbolique la lutte que se livrent en nous les complexes d'infériorité et de supériorité.

En observant la psychanalyse freudienne, la psychologie analytique de Jung et la psychologie individuelle d'Adler, on voit aisément d'où proviennent la psychologie et la psychothérapie que nous connaissons aujourd'hui. L'approche psychologique s'intéresse plus à l'investigation des rêves qu'à leur interprétation - bien que les deux aspects soient étroitement liés au point d'être pratiquement indissociables. Mais quel est son apport en ce qui concerne la compréhension métapsychique des rêves ?

Ces trois pionniers semblent avoir négligé l'étude d'un certain type de rêves, à savoir les rêves lucides, ceux au cours desquels nous savons que nous rêvons. Freud ne fait que les citer très brièvement dans les ouvrages de la fin de sa vie : il reconnaissait que la conscience puisse entrer dans un rêve (de sorte que le rêveur sait alors qu'il ou elle est en train de rêver), mais pour lui faire une place dans sa théorie de l'accomplissement du désir, il l'interpréta comme étant la trace du "désir d'apprécier pleinement son rêve".

LES APPROCHES PSYCHIQUES

Les rêveurs du temps jadis qui attribuaient leurs expériences nocturnes à des forces extérieures empruntaient l'approche psychique des rêves. Il ne fait aucun doute qu'ils étaient persuadés que Dieu et ses anges, les dieux et les déesses de la nature, les divers esprits et les entités désincarnées qui les aidaient étaient au service de l'homme et que ce dernier pouvait les contacter par l'intermédiaire de ses rêves quand il en ressentait le besoin. Ils invoquaient alors directement ces forces en incubant leurs rêves, ce qui n'exclut pas qu'ils puissent survenir de façon spontanée. Quand c'est le cas, ils se présentent généralement sous forme de grandes vérités spirituelles, d'expériences qui apportent la lumière et le pouvoir de modifier un destin, de résoudre un problème ou de guérir, physiquement ou mentalement. Malheureusement, il existe aussi des forces extérieures qui sont loin d'être bénéfiques ou secourables, et que l'on appelle attaques psychiques ou attaques d'incube. Les enfants y sont plus sensibles que les adultes, et Si tous les cauchemars ne sont pas d'origine psychique, cela s'applique tout de même à certains.

Ces crises surviennent le plus souvent lorsque nous sommes malades, tout particulièrement quand nous faisons de la fièvre, car, au dire de certains, le champ protecteur d'énergie magnétique qu'est notre aura se trouve alors Si faible qu'elle peut aisément être percée. C'est cet aspect des rêves qui nous amène à la parapsychologie, un domaine où il y a encore beaucoup de recherches à faire. La télépathie, les prophéties, les voyages astraux et la communication avec les morts sont tout à fait possibles, ainsi que le montrent de nombreux indices probants, mais le vrai but, pour qui choisit de travailler sur ce genre de terrain, est certainement la compréhension des rêves lucides, ceux sur lesquels nous exerçons un certain contrôle.

LES RÊVES LUCIDES

Depuis les années 60, qui ont vu groupes religieux et parapsychologiques pousser comme des champignons, les rêves lucides comptent parmi ceux qui "peuvent montrer le chemin". Les membres de ces groupes considèrent qu'un rêve n'a de valeur qu'à partir du moment où il est rempli de prophéties, de symboles magiques et de projections astrales. Ils ne semblent pas savoir que les rêves sont le reflet de l'ensemble de la vie, depuis ses aspects les plus triviaux jusqu'aux plus extraordinaires. Privilégier l'un des aspects, qu'il soit parapsychologique ou autre, revient à dire qu'une facette de la vie est plus importante que les autres, ce qui est de toute évidence erroné.

L'intérêt qu'a récemment soulevé (à travers les livres de Carlos Castaneda) l'enseignement de Don Juan, un Indien du Mexique, fournit un excellent exemple de l'importance que l'on accorde actuellement au développement des pouvoirs mentaux et parapsychologiques. Pour accroître ces pouvoirs, dit-il, il faut d'abord apprendre à être conscient pendant ses rêves et ensuite apprendre à les manipuler, ce qui nous ramène aux rêves lucides - que l'on a cru être jusqu'à récemment tout à fait exceptionnels et de peu d'importance. Quand on interrogea un groupe de personnes prises au hasard, et pas seulement parmi celles s'intéressant aux rêves, et qu'on leur demanda Si elles avaient déjà fait un rêve dans lequel elles savaient qu'elles étaient en train de rêver, 73 % répondirent oui. Les rêves lucides sont donc nettement plus fréquents que ne le pensent les experts et leur importance tient au fait qu'ils forment un lien entre les aspects psychologiques, métapsychiques et mystiques de l'esprit et de l'univers.

VAN EEDEN ET LE Dᴿ HEARNE

Le terme "rêve lucide" remonte au début du siècle : on le doit à un Hollandais du nom de Van Eeden, lui-même un grand adepte de ce type de rêves. Il remarqua que ces rêves étaient souvent précédés de deux ou trois nuits pendant lesquelles il rêvait qu'il volait - mais la principale caractéristique d'un rêve lucide reste que le rêveur sait qu'il rêve. En un sens, la scène est très réaliste, mais mon expérience personnelle m'a montré que l'improbable et l'impossible peuvent aussi figurer dans ce type de rêves, même Si, au moment du rêve, ces éléments ne semblent pas le moins du monde déplacés.

Le Dr Hearne, de Hull en Grande-Bretagne, s'est livré à une étude approfondie des rêves lucides. Dans son laboratoire de rêves, il a instauré une nouvelle méthode de signalisation oculaire qui établit une relation entre le sujet endormi et l'observateur. Un autre aspect de son travail consistait à encourager les rêves lucides en produisant un stimulus externe à l'aide d'un appareil spécial qu'il a appelé "machine à rêves". En plus des informations électrophysiologiques que son invention lui a permis d'obtenir, et qui mettent en évidence les types d'ondes cérébrales et de sommeil qui accompagnent les rêves lucides, le Dr Hearne a découvert que ces rêves avaient des implications psychologiques et parapsychologiques dépassant de très loin ce que les découvertes de Freud et de Jung pouvaient laisser supposer. Il semble que, une fois que nous avons admis pouvoir faire des rêves lucides, nous puissions également les amener à réagir à nos demandes. Bien que ces recherches soient à un stade bien peu avancé, tout indique qu'elles pourraient se classer parmi les plus importantes encore jamais faites dans ce domaine.

Les rêves lucides comprennent de nombreux niveaux de conscience. L'un d'eux nous inciterait à dire : "Tout cela est ridicule. Ça ne peut pas exister, donc je dois être en train de rêver." On peut considérer que c'est la façon analytique de considérer un rêve alors que l'on est effectivement en train de rêver ; le pendant serait l'attitude qui nous fait dire, lorsque quelque chose de très désagréable nous arrive vraiment : "Ce n'est pas vrai, je vais bientôt me réveiller et découvrir que ce n'est qu'un mauvais rêve." Nous pouvons bien sûr nous éveiller d'un cauchemar lucide, ce qui n'est malheureusement pas le cas dans la vraie vie!

Outre cette rationalisation consciente, cette lucidité peut aussi avoir des échos parapsychologiques ; mais pour un rêveur incapable de l'identifier, l'expérience en question finira dans les oubliettes de sa mémoire, avec les autres rêves. Il n'est donc pas exagéré de dire que le potentiel dormant contenu dans un rêve lucide est énorme, mais il ne faut pas oublier que le secret de la libération de ce potentiel réside dans la capacité à contrôler ce rêve. Si nous y parvenons, nous pourrons peut-être même commencer à contrôler nos vies, voire modifier le cours de notre destin Si nécessaire. Ceci nous amène à la question du libre arbitre que la plupart d'entre nous pensons posséder, à un certain degré tout au moins.

LE CONTRÔLE DES RÊVES LUCIDES

Après avoir reconnu nos rêves lucides, nous sommes prêts à passer à l'étape suivante : commencer à les contrôler et à les manipuler pour y intégrer les éléments que nous souhaitons y voir figurer. De même que nous pouvons contrôler les images de nos rêves éveillés, nous pouvons aussi contrôler et créer un rêve dans notre sommeil, mais il faut être bien conscient des différences qui existent entre les deux. Notre conscience est bien plus aiguë pendant notre sommeil qu'à l'état de veille, ainsi que le montre de manière scientifique l'étude du tracé des ondes cérébrales de sujets endormis. Nous pouvons d'ailleurs le vérifier dans la pratique de nos rêves grâce aux avertissements prophétiques, aux guérisons, aux éclairs de lucidité et à la capacité d'accomplir de véritables exploits dépassant nos rêves les plus fous. Puisqu'il est possible de contrôler nos rêves lucides et qu'il existe une relation entre ces derniers et les événements fut   , voit bien toute l'importance de leurs implications. C'est de toute évidence pour cette raison que les groupes de parapsychologie sont à ce point fascinés par les rêves lucides. Il n'y a toutefois aucune raison qui nous empêche d'utiliser nos rêves pour nous guider sur le long chemin semé d'embûches de la vie. Il est donné à chacun de résoudre ses problèmes et de se guérir soi-même, à la condition de bien vouloir utiliser le formidable pouvoir contenu dans les rêves.

POURQUOI RÊVE-T-ON ?

La question reste entière : d'où viennent les rêves, et, plus particulièrement, quel être ou quelle chose décide que nous avons besoin d'un rêve précis, à un moment précis ? Puisque les rêves adéquats surviennent toujours au moment propice (et parfois même avec une légère avance dans le cas des rêves prophétiques), on peut tout de suite éliminer le hasard. Les théoriciens rationalistes se satisfont de leur explication biologique, les psychologues de leurs raisons psychologiques sous-jacentes et les parapsychologues de l'idée d'esprits et de forces désincarnés.

Où en sommes-nous vraiment ? L'ensemble des choix proposés, qui voudraient que les rêves proviennent de stimuli externes ou internes, venus d'on ne sait où, est pour le moins insuffisant, surtout dans la mesure où tous sont plausibles. Si toutefois nous prenons en compte la loi des causes et des effets appliquée à une grande échelle, il nous est possible de voir qu'aucune de ces solutions n'est une explication, pas plus qu'elles ne sont des causes. Ce ne sont là que des effets.

Il devient dès lors aisé de voir pourquoi les théories rationalistes sont logiques. Mais ce qu'elles perçoivent comme étant la cause d'un cauchemar (une indigestion, par exemple) n'est en fait qu'un effet; le cauchemar ne fait que refléter de manière symbolique les tourments d'un estomac surchargé et surmené. On peut ensuite remonter la chaîne des événements ayant amené à cet état de faits : un grand dîner, peut-être prévu un mois à l'avance, à partir duquel on peut encore remonter le temps toujours plus en arrière jusqu'à - pourquoi pas ? - notre enfance et peut-être même encore un peu avant. Le rêve n'est alors plus perçu comme le résultat direct d'une cause physique, il n'est plus qu'un effet parmi d'autres dans une longue chaîne d'actions et de réactions. Les rêves psychologiques se comportent exactement de la même façon: le refoulement sexuel cher à Freud étant ainsi à l'origine d'un rêve, mais n'étant lui-même que l'effet d'une cause antérieure, telle une perle sur un collier. Aucun complexe, qu'il soit d'ordre sexuel ou de toute autre nature, ne peut être considéré comme une cause en soi, que ce soit à l'intérieur ou à l'extérieur d'un rêve.

Les rêves prophétiques qui nous montrent clairement une scène du futur semblent être une exception à cette règle, même s'ils s'inscrivent dans ce schéma global. Dans ce cas, ce n'est pas l'enchaînement des causes et des effets qui s'est modifié, mais bien la perception que l'on en a et notre perception du temps. En effet, nous sommes conditionnés à percevoir le temps de manière chronologique, mais le temps relève aussi d'un autre concept inconscient qui n'a guère sa place dans notre monde tridimensionnel, de sorte que nous le refoulons pendant notre temps de veille. Et quand il parvient à se glisser dans notre conscience, nous le rejetons comme étant une simple coïncidence.

Les Anciens, qui connaissaient bien ces deux aspects, utilisaient deux noms différents pour désigner le temps : *chronos* et *cairos*, de manière à établir la distinction entre le temps linéaire (*chronos*) et notre appréciation de la qualité du temps (*cairos*). *Chronos* se mesure en secondes, minutes, années et siècles, nous donnant ainsi conscience du temps qui passe en même temps que nous progressons sur la route de la vie, alors que *cairos* (dont le nom d'ailleurs trahit un rapport avec l'Egypte antique) est la véritable participation au processus temporel lui-même, qui nous offre tous ces moments hors du temps ou intemporels, ces événements synchrones que nous baptisons coïncidences. Dès lors que nous percevons le temps comme étant fait de ces deux composantes, les expériences prophétiques faites en rêve ne demandent plus d'autre explication puisque le passé, le présent et le futur existent tous en même temps et appartiennent tous au grand "maintenant" éternel.

Pour en revenir à la véritable cause des rêves, il me semble impossible d'isoler une cause ou un stimulus unique autre que nous-mêmes. Expériences, influences, héritages, environnement, caractère, parents et ancêtres contribuent tous à nos destins en ce qu'ils ont de plus individuels: les rêves, tels des miroirs, reflètent tout ceci et bien plus encore. Les événements de chaque rêve sont liés entre eux d'une manière distincte, de telle sorte qu'il faut bien voir qu'il n'y a pas de causes, mais seulement des effets. Si nous pouvions parfaitement comprendre la façon dont ils sont liés entre eux, nous découvririons non seulement le secret des rêves, mais aussi celui de la vie. Ceci n'est pour l'instant qu'un rêve d'avenir, pour l'avenir.

La stratégie des rêves

Jadis, les interprètes des rêves ne s'intéressaient qu'aux rêves et à leur signification, laissant de côté le rêveur et sa personnalité. Joseph, par exemple, ne s'intéressait pas plus aux problèmes psychologiques de Pharaon, que Daniel ne se demandait quelle indigeste nourriture Nabuchodonosor pouvait bien avoir avalée avant de faire son cauchemar. Seuls les messages contenus dans les rêves avaient de l'importance à leurs yeux ; tout bien considéré, c'est de cela qu'il s'agit lorsque l'on parle de rêves.

Un interprète des rêves est un analyste qui concentre son travail exclusivement sur les rêves. En revanche, le psychanalyste s'intéresse d'abord à la psychologie de son patient et ne se sert des rêves de ce dernier que pour en comprendre la personnalité. En tant qu'analyste de rêves, je ne parle pas de leurs rêves avec les rêveurs; Si je le faisais, j'aurais l'impression de "tricher". Après tout, en observant une personne et en posant quelques questions pertinentes, il est facile d'apprendre tout ce dont on a besoin sur elle et son rêve! Or, c'est le rêve qui a besoin d'être analysé, non le rêveur; toute idée préconçue sur ce dernier aura pour effet de déformer la vision que l'on aura du contenu du rêve. Bon nombre des lettres que je reçois et qui me demandent d'analyser un rêve ne sont signées que d'initiales; ainsi, rien ne vient gêner l'interprétation. Et c'est bien là le but recherché.

DES MESSAGES DE NOUS-MÊMES ADRESSÉS À NOUS-MÊMES

En interprétant quelque 12 000 rêves, j'ai inévitablement tracé la voie d'une nouvelle approche (encore une!) que je voulais exclusivement concentrée sur le rêve. Alors que je cherchais une base solide sur laquelle construire un cadre de travail, il me parut important de commencer par établir des définitions concrètes, chaque fois que c'était possible. Les rêves sont de toute évidence des messages, mais ainsi que le montrent l'histoire, la littérature, la religion et la science, personne n'est vraiment sûr de leur provenance. La réponse me vint - faut-il s'en étonner ? - dans un rêve où je me voyais me regarder et me parler dans un miroir. Au réveil, j'en compris clairement le sens : les rêves sont bien des messages, mais ils ne proviennent que de nous-mêmes. Plus je les examinais attentivement sous cette lumière et plus j'étais sûre qu'ils étaient des créations uniques de notre esprit vraisemblablement provoquées par des stimuli externes ou internes intégrés par la suite dans nos rêves - ce qui n'empêchait pas le fait d'en être les vrais auteurs. Ma première définition stipulait donc que les rêves étaient des messages que nous nous adressions nous-mêmes. Du point de vue psychologique, il est clair que tout est permis lorsque des messages nous délivrant nos propres vérités nous sont révélés en rêve, puisque la barrière séparant le conscient de l'inconscient est alors ouverte. Ceci explique pourquoi nos désirs, nos peurs et nos souvenirs depuis longtemps refoulés refont surface aussi facilement. Mais limiter les rêves à ce rôle de policier de la psyché revenait à les sous-estimer cruellement, car, aussi importante soit-elle, cette facette n'est que l'un des aspects du problème.

L'ESPRIT DE RÊVE

Pour relier notre conscient et notre inconscient, il devait bien exister quelque élément qui aide au transport des pensées et des rêves. En quête d'une deuxième définition, j'ai appelé cet élément "l'esprit de rêve". D'une certaine façon, il ne s'agit que du rêve lui-même, et quelle que soit la nature de ce lien, il est présent aussi bien pendant notre veille que pendant notre sommeil. En y réfléchissant, vous verrez qu'au moment où nous ressassons nos souvenirs ou que nous essayons d'envisager l'avenir, une circulation à double sens se met en marche alors que nous passons sans cesse de notre esprit conscient à notre inconscient. Ce pont permettrait aussi d'expliquer les rêveries éveillées et ces rares mais remarquables visions qui surviennent de manière spontanée et qui ne peuvent s'intégrer dans un cadre de pensée logique. Il ne faut cependant pas confondre rêveries éveillées, visions, phénomènes psychologiques et vives imaginations avec les rêves, bien qu'ils partagent tous certaines caractéristiques.

LES DIFFÉRENTS TYPES DE RÊVES

L'étape suivante vers la compréhension des rêves consistait à essayer d'identifier les différents types de rêves, ce qui n'est pas aussi facile qu'il y paraît. Il existe de nombreux types de rêves différents, depuis les rêves de frayeur, les rêves d'accomplissement du désir, les rêves tristes, les rêves sexuels et un millier d'autres encore. En fait, il est possible d'accoler n'importe quel qualificatif au mot "rêve" pour en faire une nouvelle catégorie. Heureusement, deux de mes rêves sont venus me porter secours au moment propice. Bien qu'aucun d'eux ne m'ait manifestement révélé de messages bouleversants, je n'en fus pas moins surprise de leurs révélations. Dans le premier de ces rêves, j'étais en train de repeindre ma cuisine, ce que je venais effectivement de faire quelques semaines auparavant. Ce rêve était aussi réaliste que Si j'avais vraiment été occupée à peindre, mais il ne s'y passait rien d'autre. L'autre rêve de cette même nuit était totalement différent : il se déroulait dans une maison inconnue où je cherchais quelque chose dans d'étranges pièces, au milieu de vieux meubles abandonnés. Il m'était impossible de dire de ces rêves qu'ils étaient effrayants, heureux, sexuels ou quoi que ce soit d'autre, pourtant il fallait bien que je leur trouve une catégorie. Tous deux avaient pour cadre des maisons, dont l'une m'était familière et l'autre pas, et j'étais la seule personne présente dans ces deux rêves. Je finis par me dire que le premier était un rêve littéral et le second un rêve symbolique. J'avais donc affaire ici non plus à deux types de rêves, mais à une différence de principes absolument fondamentale. Il semblait donc logique de supposer que tous les rêves étaient soit littéraux, soit symboliques, soit un mélange des deux. Une fois cela comprit, on peut leur adjoindre tous les préfixes que l'on veut pour les identifier et les classifier.

LES RÊVES LITTÉRAUX

Les rêves littéraux reflètent le monde de façon pratique, sans émotions et aussi rationnellement que possible. Ils nous montrent des scènes littérales où l'on peut voir problèmes et solutions, les trier de façon logique avec sa tête et non avec son cœur. Il n'est pas étonnant qu'il y ait un fort pourcentage de rêves littéraux, quand on sait que l'on enseigne très tôt aux enfants à raisonner de façon claire, sans se laisser aller à d'absurdes idées. Devant un tel conditionnement, même l'esprit de rêve cède et apporte ses offrandes de façon littérale.

Il y a des gens qui refusent d'admettre l'existence de rêves littéraux et qui s'acharnent à chercher des sens symboliques là où il n'y en a pas. Ce faisant, ils compliquent inutilement un rêve simple et passent complètement à côté de son sens. Il faut nous souvenir que les rêves littéraux ne contiennent aucun symbole, uniquement des signes qu'il faut prendre pour ce qu'ils représentent.

Les intellectuels dogmatiques font souvent des rêves littéraux, dépourvus d'imagination, parce que c'est ainsi que leur esprit fonctionne et que c'est la seule façon qu'ils ont de concevoir les messages apportés par leurs rêves. Ceci limite leur vision, mais une fois les barrières abattues, il n'est pas exclu que leurs rêves littéraux laissent passer des symboles porteurs de qualités jusqu'alors inconnues, de potentiel et d'imagination.

FLASH-BACK

Les rêves littéraux nous renvoient au monde qui nous entoure et reproduisent fidèlement scènes et personnes telles qu'elles sont vraiment. Ils peuvent faire revenir des souvenirs, nous montrer des situations actuelles et nous révéler des événements futurs, mais il est certain qu'ils ne se laissent jamais aller au sentimentalisme. Les souvenirs réalistes de scènes de notre enfance ne sont pas qu'une remémoration nostalgique du passé, ils ont une bonne raison de figurer dans un rêve.

Il est très rare que les rêves reviennent sans raison sur des événements du passé. Revivre des moments douloureux permet au rêveur de les considérer sous un nouveau jour dans l'espoir de les accepter ou de les regarder en face. S'ils sont effrayants, ou simplement tristes, ces rêves peuvent vous inoculer mentalement contre la douleur et l'angoisse. Il est aussi des souvenirs heureux qui reviennent pour nous montrer que le rire est le meilleur remède et que la vie a aussi un côté drôle. Il arrive également que l'on revive des instants de passion, ne serait-ce que pour renforcer ou raviver de tendres sentiments. La douleur et l'extase des rêves amoureux sont des palliatifs pour celui ou celle qui ne peut être avec l'être aimé, et s'ils sont entièrement dirigés par le cœur, c'est tant mieux!

Les rêves littéraux nous font revoir des événements passés d'une façon un peu comparable à ce que fait la télévision quand elle nous donne à revoir les meilleurs moments d'une compétition. En regardant ces moments une deuxième fois, on remarque plus de détails que la première. C'est exactement ce qui se passe dans ce genre de rêves.

Le but de ces rêves est donc de nous donner une deuxième chance de réévaluer un incident ou une situation donnée que nous n'avions pas parfaitement compris la première fois. Un événement mal compris sera rangé au mauvais endroit dans notre mémoire et sera associé à d'autres événements qui lui sont étrangers. En revivant ces actions, il nous sera possible de les mieux comprendre et de les remettre à leur place dans notre mémoire.

AVERTISSEMENTS ET PROPHÉTIES

Un exemple de ce type de fonctionnement me vient d'une femme qui travaillait dans un grand bureau. Dans son rêve, elle se voyait assise à son bureau en train d'écouter avec suspicion ses collègues qui parlaient d'elle à demi-voix. À son réveil, elle s'aperçut que son rêve était la réplique exacte de ce qui s'était passé la veille; mais c'est en revoyant son rêve en détail qu'elle découvrit que ses collègues, en plus de chuchoter, se tenaient serrées les unes contre les autres comme Si elles regardaient quelque chose. La vérité lui apparut alors : son anniversaire venant le lendemain, il était donc possible que cette "conspiration" concerne une carte de vœux et non pas elle-même.

Son rêve lui révéla ainsi l'aspect paranoïaque de sa personnalité, mais lui fit aussi revivre fidèlement l'événement, enrichi de certains détails qu'elle n'avait pas perçu la première fois. Elle considérait maintenant son rêve sous un jour très différent et s'aperçut ainsi qu'elle avait jusque-là fait fausse route. Le jour suivant, elle reçut une carte de vœux de ses collègues injustement soupçonnés, exactement comme elle l'avait imaginé en rêve.

Un autre exemple d'aide apportée par un rêve de ce type me vient d'un homme qui avait rêvé qu'il conduisait sa voiture sur une route qu'il connaissait bien et qui s'écrasait contre un mur parce que son frein ne réagissait pas quand il appuyait dessus. Il sortait indemne de l'accident, mais la scène était Si réaliste qu'il pensa qu'il s'agissait de la prémonition d'un accident imminent. Interprétant ceci littéralement, je lui dis qu'il s'agissait d'un avertissement quant à sa conduite au volant et à l'entretien de sa voiture. Il me répondit que ses freins avaient eu grand besoin d'être refaits, mais que les ayant fait réparer il était maintenant sûr que ce rêve était bien un avertissement et non une prophétie. Je lui fis alors remarquer qu'il aurait bien pu être prophétique s'il n'avait pas obéi à l'avertissement ainsi reçu!

Ces deux rêves montrent bien que notre inconscient enregistre plus d'informations que notre conscient et qu'il se sert de projections très littérales pour nous parler dans nos rêves. Il est vrai que ce genre de détails peut aussi revenir sous hypnose, mais pourquoi s'embarrasser d'une technique compliquée alors que des rêves viennent nous avertir au moment judicieux ?

LES RÊVES SYMBOLIQUES

Les rêves symboliques, qui viennent de notre inconscient, sont le reflet du monde intérieur, de nos inspirations et intuitions. Ce monde est peuplé de sentiments qui, pour la plupart, ne peuvent être exprimés par des mots. Des mots comme peur, colère, amour et haine ne sont que des étiquettes superficielles et ils ne peuvent être davantage intellectualisés. Il est en revanche possible d'en faire l'expérience intuitive. C'est là qu'entre enjeu la symbolique des rêves, car elle joue le même rôle pour les intuitions que les mots pour l'intellect.

Nous connaissons moins bien notre monde intérieur que celui du dehors - qui lui fait de l'ombre - parce que dès l'enfance on nous apprend à tenir ces sentiments en laisse et à les refouler complètement, Si possible. Quand un enfant "fait une crise", on considère cela comme vaguement honteux; pourtant, comment pourrait-il exprimer autrement ce que les mots sont impuissants à dire, même pour l'adulte le plus intellectuel? Voilà le terrain de la symbolique des rêves. Chez les enfants, les sentiments refoulés se libèrent pendant le sommeil et ressortent sous forme de cauchemars. Les parents contribuent d'ailleurs involontairement à cet état de choses en refusant de comprendre que les crises et les rêves d'un enfant sont des expressions symboliques qui ne passent pas par le canal du langage.

Les rêves symboliques reflètent donc des sentiments et des émotions, mais tous ne sont pas en rapport avec des complexes ou des traumatismes. Bon nombre font place à des inspirations, des intuitions, des messages de Dieu, des dieux, d'un ange ou de quelque autre esprit désincarné. Les expériences psychiques et les archétypes universels y trouvent aussi leur terrain d'expression. Il faut cependant bien se garder de remplacer un symbole par un autre, ainsi que cela se fait dans de nombreux cercles de parapsychologie, car cela ne peut que vous éloigner du vrai sens du rêve et non vous en rapprocher. Il faut ici revenir dans le domaine du bon sens et de la raison, faute de quoi il sera impossible de comprendre le message. Si nous étudions les symboles des rêves de la même façon que les logos d'entreprises, nous comprendrons facilement la logique du cœur et la force subtile qui la sous-tend. Les requins du marketing connaissent à fond les ressorts de la symbolique - leurs campagnes publicitaires sont presque entièrement basées sur ce ressort -, car ils savent parfaitement que l'influence subliminale finit par rapporter! Notre quotidien abonde en habiles insinuations symboliques; les publicités ne s'adressent-elles pas au cœur avant de s'adresser à la raison et finalement au porte-monnaie ? Et pourtant, aussi habiles que soient ces stratagèmes et quelle que soit la quantité d'essence qu'ils nous font mettre dans notre réservoir sous prétexte de mettre en même temps un tigre dans notre moteur, nos rêves sont infiniment plus habiles. C'est bien plus la traduction de ces symboles en éléments compréhensibles qui pose problème bien que cela ne soit finalement pas Si difficile une fois que l'on a compris la différence existant entre l'intuition du cœur et la raison de l'esprit. Il est vrai que ces deux mondes sont aussi différents que nos cinq sens le sont entre eux et nous savons tous combien il est difficile de décrire un son avec le vocabulaire de l'odorat! Il s'agit en fait d'un problème de systèmes de représentation, que chacun opère en fonction de son corpus de références et de règles, mais qui sont tous capables d'exprimer la même chose, de manière différente.

Le message du rêve suivant en est un bon exemple : il aurait facilement pu être perçu comme un simple délire de la part du rêveur Si celui-ci ne s'était pas aperçu qu'il représentait un aspect de sa personnalité. Cet homme se voyait marcher le long d'une route inconnue quand il atteignit un sombre et misérable taudis au-dessus duquel planaient des nuages gris ; il y pénétra, trouvant là une pauvre et misérable créature portant des vêtements semblables à ceux de sa femme. Il ne reconnut pas cette personne et la prit en pitié. Son rêve se limitait à cela. Au réveil, il ressentit le poids de cette misère qui le suivit jusqu'au lendemain. Comprenant qu'il avait utilisé une doublure (au sens cinématographique du terme) pour tenir le rôle de sa femme et remplacé sa maison par un taudis, il vit alors que son esprit de rêve avait opéré un efficace travail symbolique pour lui dépeindre sa vie de famille. Le message qui en découlait montrait bien ce que sa vie de famille avait de sinistre et combien il connaissait mal sa femme.

LA TÊTE ET LE COUR

Nous passons notre temps - même si nous ne nous en apercevons pas - à nous faire diriger tantôt par notre tête, tantôt par notre cœur. Il existe bien sûr des gens qui disent que leur tête commande toujours leur cœur (les terre à terre), ou vice-versa (les déconnectés de la réalité). La tête, littérale, et le cœur, symbolique, ont tous deux leur mot à dire dans nos rêves de même que dans notre attitude générale ; la nature du problème réside dans des facteurs qui nous aident à décider Si tel ou tel rêve est littéral, symbolique ou bien un mélange des deux. Il s'agit là d'une simplification excessive d'un problème complexe, qui ne supporte pas d'être examinée de trop près. En fait, même nos rêves les plus littéraux opèrent des substitutions qui, alors qu'il ne s'agit pas ici de symboles, nous donnent à voir des signes reconnaissables, personnes ou objets qui représentent en fait quelqu'un ou quelque chose d'autre. Par exemple, de nombreuses personnes font des rêves mettant en scène un policier. La représentation est très réaliste, jusque dans ses détails, mais le policier représente en fait autre chose, que ce soit l'autorité, la loi, l'ordre, voire la culpabilité et la peur, dépendamment des expériences et des idées que ce rêveur peut associer à la police.

LES RÊVES ET LES PROBLÈMES QUOTIDIENS

Il arrive que la tête et le cœur, l'intelligence et l'intuition se livrent bataille jusqu'à nous "faire sauter un fusible", occasionnant ainsi un vide qui n'est pas sans rappeler le système de transit rapide des "trous noirs" dans l'espace. Certains diront qu'il s'agit d'un vrai cauchemar, mais quelle que soit la nature de ce phénomène, il nous faut redescendre sur terre et mettre en application les messages de ces rêves Si nous voulons résoudre nos problèmes. Les problèmes sont essentiellement intellectuels ou psychologiques, ce qui ne signifie pas pour autant que les rêves littéraux représentent des problèmes pratiques et les rêves symboliques des problèmes psychologiques. Un rêve peut nous parler de bien des choses différentes en même temps.

Les rêves pratiques ont cependant tendance à refléter des problèmes quotidiens liés au travail, à la famille ou aux études. Le monde intellectuel prédomine pendant la journée, mais pendant la nuit le cœur peut reprendre ses raisons, de sorte que même ce genre de rêves peut avoir une valeur littérale, symbolique ou bien mixte. L'un des meilleurs exemples est sans doute celui du professeur Kekule, qui trouva en rêve la solution du problème de chimie sur lequel il travaillait depuis longtemps.

L'un de mes rêves m'a aussi aidée d'une façon analogue,

bien que moins spectaculaire. Lorsque j'enseignais la relaxation, je savais qu'il me fallait trouver un morceau de musique approprié ; j'ai finalement abandonné mes recherches parce que je ne trouvais rien de convenable. Dès que j'ai cessé de chercher de façon active - comme si j'avais ainsi donné à mon esprit de rêve l'occasion de faire le travail -, j'ai rêvé d'un célèbre morceau de cha-cha-cha dont je ne parvins jamais à retrouver le titre. Au lieu d'être jouée sur un tempo rapide comme c'est l'habitude, la version de mon rêve était beaucoup plus lente, une information plutôt banale à première vue, en fait jusqu'à ce que je lise quelques semaines plus tard que des expériences réalisées à l'aide de musiques avaient montré que le rythme de respiration, le rythme cardiaque, la pression sanguine et les ondes cérébrales ralentissaient pour suivre des airs en 4/4 à raison de 15 mesures par minute. Je venais de trouver la musique dont j'avais besoin : le genre n'avait pas d'importance, dès lors qu'il était joué *largo*. Désormais, chaque fois que j'entends cet air de cha-cha-cha, j'ai envie de le réentendre joué très lentement - malheureusement, la seule fois où j'en eus l'occasion fut pendant ce rêve.

LES RÊVES PSYCHOLOGIQUES

Les rêves psychologiques reflètent nos problèmes personnels aussi bien que nos pensées, nos sentiments, nos espoirs, nos peurs, nos amours et tous les autres secrets du cœur qui, dans les rêves, peuvent se dévoiler sans crainte, à l'abri des regards indiscrets et des jugements des autres. Quand les fils de notre esprit se court-circuitent et que le système de classement de notre mémoire se désorganise, les rêves psychologiques se révèlent alors très utiles pour trier ce que nous devons faire revenir à la surface. Très souvent, les plus utiles de ces rêves sont aussi les plus désagréables, car, souvenez-vous, ils reflètent nos mauvais souvenirs. La vie n'est pas que douceur, alors pourquoi les rêves refléteraient-ils autre chose que la réalité ? Examinons celui d'une femme qui traversait une mauvaise passe. Dans ce rêve, elle se voyait dans un bois, entourée de tous ceux qui voulaient la tuer. Elle sentit qu'il lui fallait alors réagir, mais quand le temps fut venu de passer à l'acte, elle en fut incapable, compte tenu que ses assaillants semblaient en fait être des femmes enceintes sans défense, dont l'allure n'était pas aussi féroce qu'elle l'avait cru au départ. L'interprétation de ce rêve était simple : elle désirait commettre un suicide psychologique, car elle était incapable d'affronter la situation symbolisée par son rêve. En même temps, elle savait pertinemment qu'il existait des gens qui lui voulaient vraiment du mal, pour quelque chose qu'elle avait fait, ou n'avait pas fait, dans le passé. Son rêve montrait aussi que se venger aurait été injuste dans les circonstances, mais qu'il existait cependant un signe d'espoir en ce que les assaillantes, enceintes, signifiaient qu'elles-mêmes et l'auteur du rêve sortiraient vivantes du bois.

Je découvris par la suite que la vie de cette personne était alors en plein chaos à la suite d'un divorce qui avait été prononcé "à ses torts", comme le voulait la loi. En interprétant de façon neutre une situation qu'elle seule connaissait, elle réussit à voir les choses telles qu'elles étaient et surtout à se réconforter à l'idée que les femmes enceintes symbolisaient une promesse pour le futur. Ce rêve devait donc lui apporter soutien et clarté jusqu'à ce qu'elle parvienne à sortir de ce bois particulièrement sinistre.

Quand on sélectionne des rêves psychologiques pour illustrer leurs pouvoirs, il est difficile d'en choisir un plutôt qu'un autre, car ils ont tous leur originalité. Tout compte fait, le rêve le plus important n'est-il pas celui qui améliore la vie d'une personne parce que celle-ci agira en conséquence? Un tel rêve me vint d'une femme qui m'écrivit depuis un asile psychiatrique où elle avait demandé à se faire admettre. Dans son rêve, elle était prisonnière d'une caverne et, bien que cela ne l'ait pas effrayée outre mesure, elle savait qu'elle ne pourrait pas en sortir. Soudain apparut une étrange vieille femme qui lui dit calmement : "Je peux te montrer le chemin pour sortir d'ici." Après avoir frappé la paroi de sa canne, la vieille femme finit par y ménager un trou qu'elle agrandit jusqu'à ce qu'il fût assez grand pour laisser passer l'auteur du rêve. Ce message était Si explicite qu'il me semblait dommage de lui enlever sa magie en le traduisant en termes crus. Il fallait pourtant le faire pour que cette femme l'acceptât et agisse consciemment de façon appropriée. De toute évidence, la caverne représentait son inconscient qui l'avait piégée en lui faisant croire qu'il était plus sûr d'être là, à l'intérieur, que dans le monde conscient de l'extérieur. Elle symbolisait un sanctuaire que l'auteur du rêve associait à la sécurité de l'hôpital. La vieille femme était la vieille femme sage à l'intérieur de l'auteur du rêve qui avait le pouvoir, non seulement de la faire sortir de sa dépression, mais aussi de la libérer d'elle-même. La partie la plus importante du message était toutefois de lui montrer qu'elle ne devrait à l'avenir compter que sur elle-même, et c'est ce qu'elle a fait depuis lors.

LE LANGAGE DES RÊVES

Quand il est question du langage des rêves, notre esprit de rêve n'accepte aucune limite et utilise toutes sortes de signes, symboles et mots de manière extravagante. Il ne s'en tient pas non plus à une seule langue, car il arrive aussi qu'il introduise quelques locutions étrangères pour faire bon poids et relever le contenu du rêve. Mais il faut s'y attendre, car en agissant ainsi les rêves ne font que refléter notre manière de penser à l'état de veille. Nous parlons tous beaucoup pour nous faire comprendre et notre conversation est pleine de comparaisons, de jeux de mots et de proverbes, alors pourquoi notre inconscient agirait-il différemment ? Des expressions telles que "Sa vie ne tient qu'à un fil" sont tellement évocatrices qu'il ne faut pas s'étonner de les voir réutilisées littéralement dans nos rêves. La transformation d'une situation ou d'une idée en rêve est très semblable à l'adaptation d'un livre au cinéma, Si ce n'est que le rêveur est alors scénariste, mais aussi metteur en scène, acteur et spectateur, tout cela en une seule et même personne. Si cela n'est pas de la magie, alors je renonce !

LES FORMES ET LES COULEURS

Les formes et les couleurs sont le fondement du langage des rêves et de l'inconscient. Les premiers jouets donnés à un bébé, animaux en peluche mis à part, sont des jeux de formes colorées. On tend des rangs de perles de couleur au-dessus des berceaux et les motifs des draps et couettes pour enfants sont souvent des mélanges de formes géométriques colorées. Le bébé ne choisit pas ces mélanges, ce sont des adultes qui les ont réalisés, adultes dont l'inconscient connaît à fond les bases du langage de l'esprit alors même qu'ils s'en défendraient Si on leur posait la question. Parce qu'elles les ramènent à un monde collectif et fondamental, les adultes, plus que les bébés, aiment jouer avec ces formes et ces couleurs.

Quand un bébé abandonne ces formes colorées, il peut les laisser disparaître de son conscient, mais pas de son inconscient; c'est à partir de ces formes qu'il analysera les objets qu'il rencontrera par la suite. Les choses seront donc décrites comme étant rondes, triangulaires, carrées ou ovales, et même Si cette simplicité finit par s'effacer derrière des objets aux formes plus complexes, même Si le contraste entre les différentes couleurs perd de sa netteté, la mémoire n'en retiendra pas moins les formes et les couleurs d'origine. Et il y a de bonnes raisons pour qu'il en soit ainsi.

Quand des formes de couleur distinctes apparaissent en rêve, il n'est pas rare qu'elles aient rapport avec la santé. S'il existe une centaine d'adjectifs pour qualifier la douleur, il existe aussi des centaines de formes pour représenter les différentes maladies. Pour les techniques d'autoguérison faisant appel à une imagerie et à une visualisation consciente, chaque symptôme, peur ou douleur est transformé en une abstraction représentée par une forme colorée. Une fois cette "manœuvre" exécutée, l'esprit est en position de contrôler et d'inverser la force psychosomatique destructrice, négative, en une force positive, et de faire alors survenir la guérison. Pratiqué sous le contrôle de la conscience, cet exercice ne lui est toutefois pas exclusif. En effet, notre esprit de rêve fait souvent cela spontanément et il est aussi possible de l'amener à le faire par incubation.

Les formes et les couleurs représentent notre état physique et mental, mais elles peuvent aussi exprimer des principes, des énergies et des humeurs. Le rouge, par exemple, symbolise toujours l'énergie physique, qu'il s'agisse de travail, de force, d'énergie pure ou de sexe. Il peut aussi refléter la colère, ainsi que le montre l'expression "voir rouge". Le violet, lui, symbolise la vie spirituelle, alors que le vert, couleur du milieu du spectre, représente les émotions. Le sens de ces couleurs, produit de notre inconscient collectif, s'applique non seulement au symbolisme des rêves, mais aussi à l'ensemble des choses de la vie. Le vert, par exemple, perçu comme une couleur exerçant sur les émotions un effet calmant, obtint à une certaine époque la faveur de tous les hôpitaux et salles de classe.

La couleur joue un rôle important dans les rêves : l'exemple suivant montre de manière intéressante que le message n'est pas toujours transmis de manière évidente. Son auteur vit la route devant chez lui couleur rouge sang et interpréta cette vision comme étant l'avertissement d'un danger physique. Mais quand il fit le rapprochement avec le nom de sa rue, "Redpath Road" ("Route du Chemin Rouge"), alors la vérité lui apparut: c'était le nom de sa rue qui était ainsi symbolisé dans son rêve. Reconnaissant qu'il s'agissait là d'un jeu de mots, il finit par avouer que le nom de sa rue l'avait toujours un peu tracassé, peut-être parce qu'il l'associait au sang et que l'idée d'accidents pouvant y survenir le dérangeait. En comprenant grâce à son rêve les raisons de ses inquiétudes, il finit par les surmonter.

CALEMBOURS

Le rire est le meilleur remède contre la dépression et les meilleurs médecins sont les humoristes qui distribuent leurs remèdes à travers des calembours. Je ne sais pas Si ces plaisanteries sont soigneusement pensées ou Si elles leur viennent spontanément à l'esprit, mais une chose est certaine : l'esprit de rêve adore les calembours et peut les faire naître facilement dès que le besoin s'en fait sentir. Quelques jours avant de donner une conférence sur les rêves, je rêvai trois nuits de suite d'un groupe rock dont le chanteur était particulièrement mou. D'un point de vue strictement symbolique, cela pouvait représenter un manque d'énergie; mais en me concentrant sur cet aspect, je passais en fait complètement à côté du vrai sens de ce signe. Le matin de la conférence, je me réveillai avec une extinction de voix, c'est-à-dire avec une voix rauque. Bien que le symbole du manque d'énergie ait parfaitement convenu à cette situation, j'aurais probablement pu agir de façon plus efficace contre mon mal de gorge Si j'avais correctement interprété ce jeu de mots.

L'esprit de rêve adore jouer avec les mots d'autres façons, reflétant ainsi notre vie consciente qui est dominée par des conversations pleines d'anecdotes, de sous-entendus et de mots à double sens. Les mots en eux-mêmes sont de nature symbolique et l'on ne peut apprendre à lire qu'après avoir reconnu cette essence des mots. Quand notre conscient voit le mot "chat", notre inconscient visualise en I quelque sorte l'image d'un chat. À l'état de veille, nous transformons donc les mots en symboles, qu'il s'agisse de mots écrits ou de paroles. C'est le contraire qui se passe en rêve : nous nous retrouvons avec la situation miroir, le symbole seul. Il nous faut alors convertir ce symbole en mots.

LES RÊVES LINGUISTIQUES

En apprenant notre langue maternelle, nous héritons de la sagesse des générations passées qui, comme toutes choses, a évolué au cours des siècles. Chaque mot est un symbole qui peut être parlé ou écrit, tous deux offrant des stimuli sensoriels. Ces mots fonctionnent comme des déclencheurs de notre esprit et entrent en rapport avec l'un de nos cinq sens. C'est ainsi que les mots peuvent devenir des sensations mentales visuelles, tactiles, auditives, odorantes ou gustatives. À l'inverse, nous utilisons ces impressions sensorielles que nous avons mises en mémoire pour décrire des situations et des événements.

Quand nous pensons en termes de mots visuels, nous utilisons des expressions comme "regarder les choses en face", "regarder quelqu'un de haut", etc. Nous employons parfois aussi des expressions liées aux odeurs ("ne pas pouvoir sentir quelqu'un"), aux sons ("son discours sonne faux"), au goût ("cette expérience m'a laissé un arrière-goût désagréable").

Dans la vie courante, nous utilisons surtout la vue, l'ouïe et le toucher, ce qui ne signifie pas pour autant que le goût et l'odorat soient absents de nos expériences verbales. Certaines expressions mélangent même différents sens, lorsque nous parlons de vêtements ou de paroles de mauvais goût, par exemple.

Puisque nous utilisons un langage aussi imagé dans notre vie consciente (chaque mot faisant des aller-retour avec son image linguistique sur le même pont qu'emprunte l'esprit de rêve), il est aisé d'imaginer ce que peuvent faire nos rêves. Employant dans nos rêves le même langage que pendant la journée, est-il surprenant que nous y prenions tout au pied de la lettre ?

Le rêve suivant montre bien que c'est exactement ce que nous faisons. Il me vient d'une maîtresse de maison qui refusait d'admettre cela jusqu'à ce qu'elle se trouvât confrontée à un rêve et à des circonstances qu'elle seule pouvait connaître et interpréter. Son rêve commença par des coups redoublés frappés à sa porte; en allant ouvrir, elle vit une grosse vache qui se tenait là, une cruche de lait en équilibre sur le bout de sa queue. Il est clair que cette vache représentait quelqu'un que notre rêveuse avait pour habitude d'affubler de ce disgracieux sobriquet. Elle réalisa à ce moment que sa voisine venait régulièrement frapper bruyamment à sa porte pour lui emprunter du thé, du sucre et, bien sûr, du lait. Elle comprit alors, ayant souvent intérieurement traité cette femme de "grosse vache". que son esprit de rêve ne faisait que lui renvoyer cette idée sous forme d'une image très nette !

LES RÊVES PRÉMONITOIRES

La majorité des rêves ne reflète ni vérités essentielles ni confondantes prophéties, mais ils ont cependant tous un message et un sens. La vie est pleine de problèmes ordinaires, aussi est-il normal qu'ils figurent en bonne place dans nos rêves. Les achats, les promenades, les travaux de bureau et mille autres activités routinières et ennuyeuses peuvent être revus à la lumière du rêve, mais la plupart de ces activités, plutôt insignifiantes, seront oubliées sitôt rêvées. Les rêves reflètent la personnalité et le mode de vie de leur auteur, de sorte que Si quelqu'un mène une vie ennuyeuse, il fera des rêves ennuyeux dont il ne se souviendra pas souvent parce qu'ils ne contiennent pas grand-chose d'intéressant. Qu'en revanche sa vie soit pleine d'ambition, d'enthousiasme et de créativité, alors ses rêves en seront le miroir et bien plus encore. Mais même le tout-venant des rêves peut apporter sa part de petites prophéties et d'avertissements, ce qui montre que le contexte d'un rêve n'a rien à voir avec le type de rêve.

Quand on parle de prémonitions, on pense immédiatement à quelque événement qui va bouleverser le monde et qui aurait été prévu dans un rêve. Certaines personnes avaient rêvé du naufrage du Titanic ou du déclenchement de la Seconde Guerre mondiale, ou encore d'assassinats politiques, mais on pense rarement que la majorité des prémonitions sont parfaitement banales et qu'elles vous annoncent plutôt que le laitier ne vous laissera que deux bouteilles au lieu de trois mercredi prochain. Ces rêves de peu de conséquence sont pourtant prémonitoires et bien plus courants qu'on ne le pense. Combien de fois avons-nous entendu pendant la journée un mot, une phrase nous rappelant le rêve de la nuit passée ? Aussi insignifiant que cela puisse paraître, il s'agit bien de la trace d'un rêve prophétique dont nous prendrons conscience par la suite.

Même si des incidents de cette sorte semblent avoir peu de valeur, ils peuvent néanmoins en receler plus qu'on ne le pense. Prenez l'exemple de cette femme dont le rêve se limitait à un parapluie. À son réveil, elle découvrit qu'il pleuvait, Si bien qu'elle alla dans le placard chercher son parapluie et, ce faisant, se souvint de son rêve. Le parapluie lui rappela alors la dernière occasion où elle l'avait utilisé, un rendez-vous avec un très bel homme qu'elle n'avait pas revu et auquel elle n'avait même pas pensé depuis. Cela la décida à le rappeler: trois mois plus tard, ils étaient mariés !

Même si les rêves prémonitoires peuvent nous aider de dizaines de façons différentes, notamment en nous préparant à l'annonce de la mort d'un être cher ou de simples connaissances, nombreux sont ceux qui semblent n'avoir aucun but précis. Peut-être même nous faudra-t-il attendre longtemps avant de voir leur sens nous apparaître à un moment où nous aurons tout oublié ? C'est exactement ce qui m'est arrivé avec un rêve fait en 1963, qui m'a par la suite convaincue que les rêves allaient jouer un rôle important dans ma vie - même Si son contenu prophétique n'a rien modifié des événements qui allaient se réaliser. Il ne fit en fait que me prouver l'existence des rêves prophétiques.

Je fis ce rêve en 1963, à la suite de visites effectuées dans des hôpitaux américains avec des radiologues britanniques. Au cours de cette tournée, je réussis à ménager un rendez-vous avec une tante qui habite à Saint Louis, Missouri, mais je ne lui rendis pas visite - c'est elle qui vint me voir à Minneapolis. Six semaines après mon retour, je fis un rêve très spectaculaire qui me montrait cette tante arpentant son jardin à grands pas en manifestant une évidente colère. Elle me dit clairement dans ce rêve que la cause de sa colère était un dénommé Grayson. Ce rêve me fit une telle impression qu'à mon réveil je lui écrivis pour lui demander Si elle avait des problèmes et Si elle connaissait quelqu'un du nom de Grayson. Elle me répondit vite que tout allait très bien et qu'elle ne connaissait personne de ce nom, Si bien que j'oubliai tout cela jusqu'à ce qu'elle vînt me voir à Londres, deux ans plus tard. À peine arrivée, elle me remit ma lettre : un an après l'avoir reçue, elle fut sujette à une terrible colère et alla se promener dans son jardin. Le nouveau patron de l'entreprise où travaillait son mari venait de décider de renvoyer tous les employés les plus âgés, et l'on comprend que cela ait pu l'énerver. Pour se détendre, elle alla dans son jardin où elle se rappela soudain ma lettre. Elle alla alors la chercher pour la relire et découvrit avec stupeur que j'y faisais référence au nom de Grayson, précisément le nom du nouveau patron de son mari !

À l'époque de ce rêve l'homme incriminé était un parfait inconnu, aussi bien pour ma tante et moi-même que pour son mari, ce qui exclut complètement la possibilité d'une communication télépathique.

SUGAR RAY ROBINSON

En 1947 un autre rêve allait se réaliser en dépit des efforts de son auteur pour l'éviter. Juste avant que Sugar Ray Robinson ne rencontre Jimmy Doyle pour le titre mondial des poids welter, il rêva qu'un de ses coups tuait son adversaire. Son entraîneur et un prêtre l'assurèrent que les rêves ne se réalisent jamais, mais ils se trompaient. Ils auraient dû lui dire que les rêves ne se réalisent pas "toujours". Or, dans ce cas précis, la tragique prophétie se réalisa au huitième round.

LES RÊVES TÉLÉPATHIQUES

La télépathie est la communication directe entre les esprits ou les psychismes de deux personnes. À l'état de veille, ces "échanges" se produisent par coïncidence, ou ce qui semble être des coïncidences, alors qu'ils surviennent de façon spontanée dans les rêves. Il est possible que nombre de nos rêves soient en fait des messages télépathiques d'autres personnes, esprits ou sources non identifiables qui font office de stimuli extérieurs et que notre esprit de rêve transforme en scènes rêvées signifiantes ou non. De même que nous communiquons par la parole quand nous sommes éveillés, il semble que nous communiquions par le psychisme en dormant. D'ailleurs, il existe certaines preuves démontrant que des messages venant de l'extérieur aboutissent dans nos rêves, ce qui n'est guère inconcevable Si nous sommes effectivement tous liés par notre inconscient collectif, ainsi que l'affirme C.G. Jung. Des expériences réalisées dans des laboratoires de rêves montrent que la communication télépathique fonctionne bien mieux pendant notre sommeil qu'à l'état de veille. S'il en est ainsi, il est donc probable que, pendant notre sommeil, nous récupérions des pensées émises par d'autres que nous. Les prêtres de l'Antiquité étaient capables de rêver pour les autres et Daniel n'eut aucune difficulté à refaire le rêve à moitié oublié de Nabuchodonosor : pourquoi n'en serions-nous pas capables ?

LES AMANTS TÉLÉPATHES

Tout le monde aime les amoureux pour la bonne raison que, quand nous sommes follement amoureux, nous sommes plus heureux, plus détendus et surtout bien plus tolérants envers les autres. Mais l'amour est bien plus que cela ; c'est un état qui avoisine le métapsychique. Le monde devient alors un jardin d'éden magique, même quand nous sommes réveillés. Dans notre sommeil et nos rêves, le monde est à nous. En temps de guerre ou de séparation forcée, la relation entre deux amants est Si intense qu'il est courant qu'ils fassent des rêves jumeaux, voire que l'un d'eux commence un rêve qui sera achevé par l'autre.

ATTAQUES D'INCUBES

Puisque nos pensées sont sensibles aux stimuli extérieurs, il arrive que nos rêves soient influencés par des idées négatives émises par d'autres, et même par des influences néfastes dirigées explicitement contre nous, ce qui est encore pire. Ce type de manifestations, connues sous le nom d'attaques d'incubes et auxquelles les enfants sont particulièrement sensibles, débouche sur de véritables cauchemars, formes et ombres noires et terrifiantes, créatures s'insinuant en rampant dans les rêves. Par définition, un incube est un mauvais esprit qui, la nuit, tente de s'emparer de l'esprit d'une personne endormie. Cette définition recouvre bien sûr une multitude de péchés, allant d'impressions reçues, de fantômes malintentionnés jusqu'aux puissantes pensées émises à l'intention du rêveur par une personne qui lui veut du mal. Ces attaques sont connues depuis des siècles et il y a toujours eu des façons de s'en protéger. Les Victoriens, par exemple, croyaient en l'efficacité de prières brodées à l'aiguille qu'ils suspendaient au-dessus de leur lit. Ces signes du pouvoir divin peuvent être d'un grand secours, mais ils restent secondaires par rapport aux mesures qu'il nous faut prendre pour nous protéger nous-mêmes. Si nous prenons la peine de nous protéger des intrus en barricadant nos portes et nos fenêtres, pourquoi ne pas le faire aussi sur le plan psychique ?

PROTECTIONS PSYCHIQUES

Il existe un rituel mental très simple qui fournit une excellente protection contre les influences extérieures indésirables, y compris les pensées venues d'autres personnes. Cette protection dépend du champ énergétique qui nous entoure tous, et qui est fait de chaleur, de bruit et d'impulsions électriques, ainsi que d'un champ de force plus subtil, communément appelé aura. Nous sommes habituellement protégés par un mélange de tous ces éléments, mais lorsque nous sommes fatigués, déprimés ou malades, il arrive que cette barrière soit insuffisante pour écarter les influences néfastes. Le but de cet exercice est donc de reconstituer ce champ d'énergie positif.

Il faut vous y livrer juste avant de vous endormir, une fois confortablement installé dans votre lit, à plat sur le dos et les yeux fermés. Inspirez alors sur deux temps et expirez sur trois ou même quatre temps, imitant ainsi le rythme respiratoire du sommeil. Pour vous relaxer physiquement, concentrez-vous sur vos pieds et serrez fortement les orteils une ou deux secondes avant de les détendre. Remuez ensuite doucement les deux chevilles et faites légèrement remonter vos orteils vers votre tête avant de les laisser retomber. Pensez alors à vos cuisses et à vos genoux, sentez-les se reposer. Puis concentrez-vous sur vos mains et serrez les poings avant de les laisser se détendre. Passez ensuite à votre colonne vertébrale et laissez-la se détendre, faites de même pour vos épaules. Sentez la force de la gravité vous tenir au fond de votre lit comme un aimant. Pensez maintenant à votre visage et dites-vous que toutes vos rides ont disparu, que votre visage est jeune et lisse.

Une fois complètement détendu, vous êtes alors prêt à accomplir ce simple rituel de protection. Voyez depuis l'œil de votre esprit ce champ d'énergie qui vous entoure. Voyez-le comme une lumière bleue, blanche ou dorée qui vous enveloppe complètement comme un manteau protecteur et sachez qu'à l'intérieur vous êtes en complète sécurité. Rien ne peut franchir cette barrière. C'est aussi simple que cela, aussi n'hésitez pas à l'essayer Si le besoin s'en fait sentir. On peut aider les enfants qui voient les mêmes cauchemars revenir régulièrement en leur donnant des crayons de couleur et en leur demandant de dessiner les méchants monstres qui viennent leur faire peur. Une fois cela fait (les enfants les représentent d'ailleurs souvent en noir ou en gris), dites-leur que ces monstres aiment bien l'obscurité et demandez-leur de dessiner des esprits de personnes décédées. Les pensées de personnes vivantes sont capables d'entrer en contact avec des malades pour les soigner dans leur sommeil, même s'ils ne les connaissent pas et bien que l'on soit encore impuissant à expliquer ce phénomène. Alors qu'il se trouvait en Egypte à bord d'un navire qui voguait sur le Nil, avant la guerre, l'éminent archéologue Tudor Pole fut frappé d'une violente fièvre. Au moment de s'assoupir, il rêva qu'il entendait des coups violents à la porte de sa cabine. Un médecin britannique entra alors, vêtu d'un manteau noir et d'un pantalon rayé (costume courant chez les médecins de cette époque), et vint lui prescrire des médicaments pour sa maladie. Tudor Pole semblait fasciné par le chapeau que le docteur avait posé sur la table, car il pouvait voir à travers. Le médecin lui expliqua alors qu'il exerçait en Grande-Bretagne et qu'il quittait souvent son corps pour rendre visite aux personnes qui avaient besoin de son aide. Certains diront qu'il s'agissait là d'une hallucination causée par la fièvre, mais Pole n'était pas de cet avis. De retour en Angleterre, il lança un appel à la radio en espérant que le médecin se manifeste, ce que fit ce dernier. Il s'agissait d'un généraliste écossais qui confirma qu'il quittait régulièrement son corps physique pour examiner des patients lointains et inconnus qui avaient besoin de lui.

De telles manifestations peuvent survenir en rêve, avec ou sans recours à la persuasion, mais puisqu'il est possible de se brancher sur des forces positives, il n'y a aucune raison de ne pas aller chercher l'aide qu'elles peuvent nous apporter, comme le faisaient nos ancêtres. Prier pour l'arrivée de secours en rêve est une forme d'incubation et nombreux sont les rêveurs qui reçoivent en retour la visite de docteurs vivants et d'esprits bienveillants d'infirmières quand ce ne sont pas des visions de Jésus, le Grand Esprit guérisseur lui-même.

LES RÊVES DE VOL

Certains d'entre nous, comme le médecin écossais, semblent quitter leur corps toutes les nuits pour se rendre en de lointains endroits. Quelque 45 % des personnes interrogées à ce sujet ont déclaré avoir connu cette sensation au moins une fois et certains ont affirmé le faire tous les soirs. Lorsque nous rêvons que nous volons, que nous sommes en état d'apesanteur ou que nous faisons de grands bonds comme des astronautes en promenade sur la Lune, il est possible qu'il ne s'agisse pas vraiment de rêves, mais plutôt de projections astrales, un phénomène qui voit notre corps éthéré quitter notre corps physique. Certains rationalistes affirment, en s'appuyant sur les théories darwiniennes, qu'il s'agit de survivances de la mémoire de l'époque où nos ancêtres étaient des oiseaux ou des poissons. Les psychologues, eux, préfèrent parler de dépersonnalisation, une étiquette de plus qui en fait n'explique rien et qui fait pâle figure par rapport à certaines preuves irréfutables, tel le cas du médecin écossais, qui démontrent que le rêveur s'est bel et bien rendu à l'endroit dont il a rêvé. En 1948, une Anglaise dont la fille avait émigré en Australie vola en rêve jusqu'à la maison de sa fille et la trouva sérieusement malade. À son réveil, elle s'empressa de lui téléphoner; cette dernière lui confirma alors être malade. Ce qui est encore plus étonnant, c'est que la fille s'était réveillée pendant la nuit et avait vu sa mère à son chevet. Bien que la télépathie puisse être une explication possible, toutes les expériences de cet ordre ne sont pas explicables par la télépathie. Qui donc alors peut dire où est la vérité ?

LES AMANTS DE RÊVE

Nous avons tous notre image de l'homme ou de la femme de nos rêves, mais malheureusement cette image ne se matérialise pas toujours. Il arrive que l'on fasse des rêves prophétiques de ce partenaire, puis que nous reconnaissions des traits de son visage lorsque nous le ou la rencontrons en chair et en os. Tout romantisme mis à part, cela semble indiquer que la prédestination s'applique à ces amants, sinon aux autres !

De nombreux rêves nous permettent de nous voir en train

de faire l'amour avec un voisin, une voisine ou avec une personne que nous connaissons à peine. Il s'agit en fait d'une sorte de jeu dans lequel nous choisissons en toute discrétion le partenaire parfait. En six mois, une femme a ainsi rêvé de tous les hommes habitant sur le même côté de rue qu'elle, celui des numéros impairs ! On peut se demander Si ces rêves sont aussi vécus par le partenaire concerné grâce à la télépathie, mais il semble difficile d'apporter une réponse à cette question. Peu d'entre nous accepteraient volontiers d'admettre en leur for intérieur qu'ils trouvent telle ou telle personne attirante, à plus forte raison de l'avouer à quelqu'un d'autre. Notre inconscient fabrique donc de gentilles petites scènes d'amour pour nous prévenir de ce que nous ressentons vraiment. Il ne s'agit pas d'une forme d'accomplissement du désir, mais plutôt d'une projection de la réalité, quoique la répétition du même rêve puisse prendre une valeur de sublimation du désir.

Dans les rêves, la danse sert souvent de prélude à l'acte d'amour. Les femmes rêvent beaucoup plus de danse et de câlins que les hommes qui, eux, ont tendance à rêver de choses plus directes, de rapports sexuels exécutés sur le plancher, sans grand apparat ni romantisme, ce qui illustre bien la différence d'attitude envers le sexe, les hommes étant plus du genre "allons-y maintenant, là, tout de suite" et les femmes "attendons encore un peu, tu veux bien."

LES RÊVES DE CULPABILITÉ

Personne ne rêve de faire l'amour avec son partenaire habituel s'il a la possibilité de le faire. En revanche, Si cette possibilité n'existe pas, il faut admettre que la théorie freudienne de l'accomplissement du désir fonctionne bien. Il n'est pas rare, en rêve, de faire l'amour dans des lieux publics, ce qui montre bien que le rêveur souffre alors d'un complexe de culpabilité, qui n'est pas forcément sexuel. J'ai récemment interprété un rêve qui m'a amenée à la conclusion que l'acte sexuel accompli dans un supermarché au milieu de l'allée des conserves relevait plus, pour le rêveur en question, d'un acte de diversion que de perversion. Cette personne, qui connaissait des problèmes financiers, visait certainement plus le vol à l'étalage que quoi que ce soit d'autre.

À l'instar de Freud, qui pensait que tous les objets dissimulaient des symboles sexuels, je me suis aperçue que le sexe pouvait aussi symboliser des activités ordinaires ou extraordinaires très éloignées de l'acte sexuel. Hormis le vol à l'étalage, le sexe dans les rêves représente la domination masculine dans les affaires, peut-être en écho à l'insulte classique par laquelle on enjoint quelqu'un à aller "se faire foutre". Il représente aussi la jalousie féminine et l'affirmation de soi.

Si nous décidons qu'un rêve sexuel est de sens littéral, son message doit s'appliquer à notre vie et à notre philosophie sexuelle. Les serpents représentent un célèbre symbole sexuel, mais ils représentent aussi les pulsions d'énergie en général, et comme le sexe n'est que l'une de ces pulsions, le contexte dans lequel apparaît le serpent peut nous aider à déterminer de quelle forme d'énergie il s'agit. Ils peuvent par conséquent symboliser l'ambition, la tentation, les pouvoirs cachés, les activités secrètes, les forces de la nature et le pouvoir de guérir.

LA RÉPÉTITION DES RÊVES

Quand un rêve revient de manière répétitive, c'est que son message n'a pas été compris. Certaines personnes font le même rêve à intervalles irréguliers depuis leur enfance. D'autres les voient revenir sur de plus courtes périodes, quelques semaines ou quelques mois. Une femme faisait depuis son enfance le même cauchemar: elle se trouvait seule au fond d'une fosse quand un lion surgissant de derrière un rocher s'apprêtait à sauter sur elle. Elle se réveillait alors en hurlant. Elle était assez âgée et avait fait ce cauchemar tous les deux ou trois mois lorsque je lui expliquai qu'il pouvait s'agir de la répétition d'une scène de vie antérieure où elle avait été jetée aux lions. Comme elle ne croyait pas à la réincarnation, elle commença par rejeter cette explication. Elle finit par se faire à cette idée et dès lors qu'elle l'accepta ses cauchemars disparurent.

Cela ne constitue nullement une preuve que la réincarnation existe, mais démontre tout de même que l'explication était suffisante pour mettre fin à cette suite de cauchemars profondément enracinés. Connaître son ennemi, c'est déjà le vaincre, et il y a plus d'un ennemi! On pensait jadis que l'hypnose était un moyen infaillible de faire ressortir de vrais événements passés, mais il a depuis été prouvé qu'elle pouvait substituer à certaines peurs et phobies des explications qui, Si elles sont raisonnables, peuvent satisfaire au désir de savoir du patient. Ces rêves peuvent souvent s'expliquer par des associations d'idées occasionnées par des souvenirs mal "rangés"; il est possible que l'histoire du lion ait pris son origine dans un conte raconté dans l'enfance, conte que cette femme se rejouait régulièrement. Quoi qu'il en soit, le fantôme du terrible lion fut mis à mort.

LES RUSES DES RÊVES

On s'est souvent demandé pourquoi les rêves sont aussi rusés et retors. La réponse est simplement qu'ils ne le sont pas. Ils ne contiennent rien que nous n'y ayons mis, même Si certains peuvent être déclenchés par des stimuli extérieurs. Les rêves révèlent, ils ne dissimulent pas. Notre rythme de vie étant ce qu'il est, il n'est pas surprenant que l'on passe une bonne partie de notre temps de sommeil à résoudre nos problèmes. Même Si les rêves sont tout à fait capables de nous aider ainsi, notre esprit de rêve n'aura pas le temps de transmettre tous ces messages qui ont le pouvoir de stimuler notre génie intérieur Si nous leur laissons trop de travail. Le seul fait de comprendre que cela est possible suffit souvent à modifier nos habitudes de rêve et nous prépare à mettre en pratique le célèbre conseil du professeur Kekule : apprendre à rêver.

L'interprétation des rêves
et les solutions qu'ils nous apportent

Avant d'interpréter des rêves, il faut d'abord disposer d'un matériau sur lequel travailler, ce qui signifie qu'il faut un journal de rêves. Le fils d'Edgar Casey, Hugh Lyn, n'a-t-il pas dit que le meilleur livre que l'on puisse lire sur les rêves est celui que nous écrivons nous-mêmes? Il parlait bien sûr de notre propre journal de rêves. De nombreuses personnes notent scrupuleusement les moindres faits de leur vie quotidienne sans jamais envisager d'en faire de même pour leur vie de rêves, laquelle pourtant est souvent bien plus intéressante, amusante et riche d'enseignements.

LE JOURNAL DE RÊVES

Les rêves ne répondent à aucune règle stricte, y compris dans la façon de les noter, mais quelques conseils pratiques peuvent parfois être utiles.

Règle n° 1: le journal

La première règle est à la fois d'ordre pratique et rituel. Allez vous acheter un carnet et un stylo qui vous plaisent et que vous réserverez à cet usage. Il s'agit de votre premier engagement et en tant que tel il préviendra votre esprit de rêve que vous prenez cela au sérieux. Après les avoir achetés, placez-les près de votre lit. Il faut absolument qu'ils y restent, car vous ne pouvez pas vous permettre d'aller les chercher en pleine nuit, au moment où vous en avez le plus besoin - vous risqueriez alors de perdre un précieux rêve.

Règle n° 2 : numéro, date et heure

La deuxième règle concerne le numérotage, la datation et, Si possible, l'heure de vos rêves. Il est important que la date soit clairement inscrite en haut d'une nouvelle page chaque soir afin que tout soit prêt. L'importance de cette habitude apparaîtra au fur et à mesure, lorsqu'il sera pertinent de savoir quand exactement tel rêve prophétique a été fait. Elle permet aussi de repérer des séries et des répétitions de rêves ainsi que d'autres aspects spectaculaires - en particulier le fait que l'esprit de rêve est un remarquable calendrier qui peut vous rappeler les anniversaires oubliés et même des événements lointains dont vous aviez oublié la date. Il peut aussi vous indiquer les dates d'événements à venir. Il est également très important de bien les numéroter par ordre d'apparition, car il arrive que l'on fasse plusieurs rêves dans la même nuit. Si vous parvenez à déterminer l'heure à laquelle vous avez fait le rêve ou celle où vous vous êtes réveillé, notez-la aussi.

Règle n° 3 : dès le réveil

La troisième règle impose de coucher sur le papier tout ce dont vous vous rappelez dès le réveil, avant de vaquer à vos occupations de la journée ou de penser à quoi que ce soit d'autre. Les rêves s'estompent très rapidement, aussi doivent-ils être consignés au réveil. Cet effacement des rêves est l'une des raisons qui font que tant de gens disent ne jamais rêver. Ils seraient étonnés du nombre de rêves qu'ils font s'ils suivaient cette simple règle qui veut qu'on porte la plume au papier dès le réveil. S'il arrive qu'un rêve semble vous échapper, il vous laissera tout de même un souvenir sous forme d'impression, d'humeur, d'ambiance ou de sentiment, même vague, alors notez cela aussi.

Règle n° 4 : compléter le puzzle

La quatrième règle est de ne pas laisser de trous dans vos rêves. Il faut beaucoup de volonté pour saisir son stylo à 2 h du matin, mais cette habitude devient vite très excitante et rappelle à votre esprit de rêve que vos intentions sont toujours aussi sérieuses. Heureusement, la plupart des rêves peuvent se noter dès le réveil, aussi ne faites pas attention Si vous écrivez mal, vous finirez bien par vous relire ; l'essentiel est de noter tout ce que vous pouvez, aussi vite que possible.

Ceci fait, vous avez en main un bon brouillon sur lequel il vous faut revenir de temps à autre pour y ajouter des détails oubliés. Tout retard vous prive d'éléments importants; en revenant sur vos notes, essayez d'inscrire les couleurs puisqu'elles sont les premières à s'effacer de la mémoire (d'où la croyance que les rêves sont en noir et blanc). Cherchez également des bribes de conversation, de chansons et de poèmes; notez tout ce qui pourrait vous revenir à l'esprit. Écrivez ensuite tout ce qui vous rappelle un événement de la journée passée : émission de télévision, conversation, souci ou problème présent à votre esprit. Ces associations sont inestimables pour le travail d'analyse. Terminez votre "devoir" par une liste de symboles et de Signes, qui peuvent être des animaux, des humains, des monstres, des formes et des archétypes pouvant comprendre des symboles religieux ou mystérieux.

Choisissez ensuite un moment dans la journée qui suit pour remettre au clair ce rêve. Vous pouvez pour cela utiliser du papier brouillon pour n'inscrire que la version finale dans votre journal de rêves. N'oubliez pas d'insérer du papier brouillon dans votre cahier, effort qui vaut la peine d'être fait Si vous ne voulez pas réveiller la personne qui dort avec vous et devez écrire dans le noir.

À la suite du numéro, de la date et de l'heure de votre rêve, notez votre rêve lui-même : humeur, ambiance et couleurs; conversations, paroles, chansons, poèmes; liste de signes et symboles; associations avec les événements de la veille. Le résultat devrait ressembler à la page suivante prise dans mon journal de rêves à la date du 17 mars 1983 et qui montre deux rêves très différents. Si nous pensons que les journaux intimes peuvent être révélateurs, alors croyez-moi, ce n'est rien en comparaison avec un journal de rêves.

Date : Jeudi 17 mars 1983

Numéro : 40
Heure :　　Inconnue, avant 6 h du matin
LE RÊVE : J'essayais de mettre un collier, mais peinais beaucoup à le faire. Une voix très distincte disait : "Essaie, essaie, essaie encore."
Atmosphère : Ordinaire
Ambiance : Vive

Signes et symboles : Collier

Parole s : "Essaie, essaie, essaie encore."

Associations : Reçu relevé de compte hier et me suis demandé comment joindre les deux bouts.

Numéro : 41

Heure : Entre 6 h et 8 h du matin

LE RÊVE : Je marchais avec quelqu'un sur une colline et vis un grand serpent brun inoffensif qui dévalait joyeusement la pente. Nous sommes descendus et en arrivant plus bas, j'aperçus des fleurs d'un mauve presque artificiel. (Dans ce rêve, je reconnus que c'était des laburnums ainsi que des plantes à massif appelées daphnés. Je comprenais aussi qu'il s'agissait d'un rêve et décidai donc de répondre immédiatement à certaines des questions que pose le Dr Hearne dans son questionnaire sur les rêves lucides. L'une d'elles était: "les couleurs de votre rêve sont-elles (a) plus vives (b) aussi vives (c) moins vives que dans la réalité." J'optai pour la réponse (b).) Je voulus alors montrer le serpent à la personne qui était avec "moi", mais je ne réussis pas à le retrouver.

Atmosphère : Agréable, lumineuse et ensoleillée

Ambiance : Heureuse et curieuse

Signes et symboles : Une personne, un ami. Un flanc de colline, puis du terrain plat, inconnu. Un grand serpent brun inoffensif. Des fleurs de couleur vive.

Paroles : Aucune, mais beaucoup de pensées

Noms : Daphné et le Dr Hearne

Associations : Le projet du Dr Hearne

L'INCUBATION DES RÊVES

En tenant un journal de rêves, on a tôt fait de s'apercevoir que la majorité de nos rêves concernent des problèmes pratiques et psychologiques, et qu'ils ne nous viennent que rarement en aide pour résoudre un problème précis. Les Anciens, qui les considéraient comme de puissantes sources d'illumination, prenaient quant à eux des mesures pour permettre la communication entre les esprits humains et Dieu ou d'autres divinités. En se mettant à l'unisson avec l'une d'elles, ils priaient pour la venue d'un rêve pouvant les aider à résoudre leurs problèmes. Cette forme d'incubation était parfaite pour cette époque, mais aujourd'hui il n'y a plus de temples dédiés à Morphée ni d'oracles pour nous aider dans notre quête des rêves - ce qui ne signifie pas pour autant que l'ère des rêves miraculeux soit terminée. C'est simplement que nous vivons dans un monde où nous devons établir ces contacts nous-mêmes et incuber nos propres rêves.

Les pouvoirs, quels qu'ils soient, ne nous ont pas abandonnés, même Si nous les avons quelque peu négligés. Les dieux et déesses, les anges et les messagers de Dieu sont encore très présents parmi nous, car ils représentent les forces que Jung appelle des archétypes. Nous ne manquons pas non plus d'oracles puisque c'est exactement la fonction que remplit notre esprit de rêve. Il nous faut nous accorder avec nous-mêmes pour pouvoir demander et obtenir réponses et aide, tout comme nos ancêtres le faisaient jadis.

Le rêve est un art qui exige un entraînement. Il est vrai que nous rêvons tous et que nous recevons souvent de l'aide en rêve au moment propice, mais c'est plus là le fait du hasard que le fruit de nos décisions; et ce n'est rien en comparaison de ce que l'on peut obtenir Si l'on s'attelle vraiment à la tâche. Dans la mesure où nous nous contentons de laisser notre esprit de rêve faire le travail, nous ne pouvons pas nous attendre à autre chose qu'à des rêves banals traitant de problèmes quotidiens, doublés, à l'occasion, d'une expérience exceptionnelle. Si nous décidons de coopérer consciemment avec notre esprit de rêve, celui-ci sera si content d'être enfin reconnu qu'il deviendra aussitôt notre fidèle et dévoué serviteur.

INDÉPENDANCE ET EFFORTS PERSONNELS

L'indépendance est une qualité que l'on a trop longtemps négligée, alors même que le bon sens nous dit qu'on ne peut compter que sur soi-même. Personne ne peut résoudre nos problèmes à notre place, pas plus qu'il n'est possible de faire digérer notre nourriture par autrui. Notre vie est sous notre entière responsabilité. Le fait d'être seul dans nos rêves constitue un très bon exercice d'indépendance - ceci dit en toute logique puisque les rêves sont des messages que nous nous envoyons à nous-mêmes.

On dit souvent : "Aide-toi et le ciel t'aidera". C'est exactement ce qu'il faut faire Si l'on veut arriver à quelque chose dans le domaine des rêves et de leur incubation. Le potentiel inexploité de nos ressources mentales est plus que suffisant pour nous protéger et nous maintenir en bonne santé physique et mentale, mais il n'est pas étonnant que l'on n'en reçoive qu'une infime partie quand on lui tourne sans cesse le dos. Tout est possible grâce à nos rêves et j'en veux pour preuve tous les exemples fournis par l'histoire ancienne ou récente de personnes qui ont tiré profit de leurs rêves. Si d'autres peuvent le faire, par intention ou par hasard, alors nous pouvons le faire aussi.

L'incubation des rêves consiste simplement à demander à notre esprit de rêve de nous venir en aide. Même en cette époque où nous sommes à la fois l'oracle et le rêveur, nous avons besoin d'un rituel mental pour nous brancher sur les forces archétypales. Chacun doit cependant procéder de la manière qui lui convient le mieux. Si nous estimons devoir nous en remettre à Dieu, il faut alors appeler ce rêve dans une prière d'invocation. Toutes les religions nous disent que Dieu nous parle en rêve, il n'y a donc aucune raison de ne pas solliciter son aide de cette façon. De même, en faisant appel à ce qu'il y a de plus profond en nous, à ce que nous appelons âme ou esprit, il est aussi possible d'obtenir de bons résultats. Qui sait, les réponses et stimuli proviennent peut-être de la même source divine puisque, après tout, nous faisons tous partie de la création ?

ENTRE LA TÊTE ET LE CŒUR

Il faut procéder à l'incubation des rêves lorsque nous sommes au chaud dans notre lit, détendus, prêts à nous endormir. Souvent le plus difficile, c'est d'arriver à relaxer; quand un problème tourne sans cesse dans notre esprit, cela devient franchement impossible. Des conseils tels que "Ne t'en fais pas" sont plus qu'inutiles; il faut plutôt attaquer le problème sous un autre angle, par exemple en se disant:

"Je n'arrive pas à résoudre intelligemment ce problème à l'état de veille, alors je ferais aussi bien de laisser l'intuition de mon cœur faire le travail pendant que je dors. Je passe donc la parole à mon esprit de rêve." Cette pratique décharge le conscient de sa responsabilité pour la faire assumer par l'inconscient, qui est mieux armé pour traiter ce genre de problèmes. Ce rituel verbal accompli, on peut alors se concentrer sur la relaxation physique, de la manière suivante :

Exercice de relaxation

À plat dos, pensez à vos pieds. Serrez les orteils et laissez-les se détendre. Remuez ensuite les chevilles et laissez-les se détendre. Puis pensez à vos mains, serrez les poings et détendez-les. Concentrez-vous alors sur votre colonne vertébrale, essayez de la sentir aussi droite que possible et libre de toute pression. La gravité s'exerce à 90 de ce qu'elle est en position verticale, Si bien que rien ne pèse sur votre colonne vertébrale. Pensez encore à cette force de gravité qui vous maintient cloué à votre lit comme à une forme d'énergie et laissez-la vous recharger et vous lier aux forces naturelles de la planète.

Le rituel mental

Si vous êtes encore éveillé, c'est le moment de passer à l'incubation d'un rêve. Pour cela, il vous faut entrer en contact avec cette partie de vous dont le rôle est de vous envoyer vos rêves et lui parler silencieusement, comme ceci : "Je t'en prie, esprit de rêve, envoie-moi un rêve qui m'aidera." Vous pouvez ajouter à cette requête des demandes plus précises comme : "Je t'en prie, envoie-moi un signe; je t'en prie, dirige l'énergie sur cette partie de moi qui a besoin de soins; dis-moi comment je peux aider ceux qui veulent mon aide; que dois-je faire?" Chaque supplique devra être différente des autres et plus elle sera concise et précise, plus la réponse sera nette et claire. Des demandes incohérentes recevront des réponses incohérentes. Après avoir énoncé votre requête le plus brièvement possible, dites-vous que vous êtes prêt, en attente d'un message dont vous essaierez de noter le plus d'éléments possible dès votre réveil. Vous pouvez également formuler des demandes de façon plus affirmative: "Esprit de rêve, j'attends que tu m'envoies un rêve clair qui me donnera la réponse à la question que je vais te poser. Je m'y suis préparé et je noterai en détail la réponse que tu m'enverras."

Notre méthode d'incubation des rêves dépend entièrement de nous et de nos croyances religieuses, mais il est probable qu'il faille aborder diverses situations de manière différente. C'est exactement l'essence du message laissé par le professeur Kekule : commencer par apprendre à rêver. Ce n'est qu'avec de l'entraînement que vous y arriverez, aussi ne soyez pas déçu Si les résultats se font un peu attendre. Vous finirez par y arriver Si vous ne vous découragez pas. Et quand un rêve bénéfique nous a été envoyé, il ne faut jamais oublier d'en remercier Dieu, toutes les puissances qui soient ainsi que nous-mêmes.

L'INTERPRÉTATION DES RÊVES

Nul n'est mieux placé pour interpréter un rêve que son auteur, car c'est lui qui l'a conçu à partir des accessoires rangés dans les greniers de sa mémoire - ce qui ne veut pas dire qu'une autre personne ne peut pas interpréter vos propres rêves, dans quel cas, il vous restera tout de même la moitié du travail à faire puisqu'il vous faudra appliquer le message obtenu à votre situation personnelle. Ce n'est qu'à ce prix que le message prendra sa vraie valeur.

Quand Joseph a interprété le rêve de Pharaon, il ne savait pas comment le message annonçant sept années de prospérité et sept années de famine allait pouvoir se réaliser. Il fallut que Pharaon lui applique son expérience et ses associations d'idées pour mettre en œuvre ce qui était bel et bien contenu dans le rêve.

Plus nous étudions de rêves, qu'il s'agisse des nôtres ou de ceux des autres, mieux nous les comprenons; mais il est un piège qu'il faut absolument éviter: interpréter les rêves d'autrui à partir de nos propres associations d'idées, car elles ne correspondent qu'à notre expérience et ne peuvent s'appliquer qu'à nos propres rêves. En tant qu'analystes des rêves, nous sommes capables de reconnaître le contenu symbolique et littéral d'un rêve, d'y voir des jeux de mots et des doubles sens, d'en traduire les signes et symboles, et d'en tirer un message général, qui ne sera compréhensible que par l'auteur du rêve. C'est à lui de faire le rapprochement entre ce message et ses connaissances intimes afin que s'opère cette alchimie entre le rêve et la réalité.

Deux qualités sont nécessaires à l'interprétation des rêves : un vrai désir de le faire et un enthousiasme suffisant pour soutenir ce désir. Se souvenir et analyser un rêve de temps en temps est une chose, mais les empoigner tous à bras le corps en est une autre. Pour cela, nous devons consentir un important engagement personnel, qui se révèle très vite gratifiant - car nous apprenons ainsi beaucoup sur nous-mêmes et sur notre place dans le monde et dans l'univers. Si la phrase "Connais-toi toi-même" a un sens, les rêves s'avèrent un excellent moyen d'y arriver.

Après avoir commencé un journal de rêves, vous serez très vite en possession d'au moins un rêve correctement noté. Souvenez-vous alors que quelle que soit sa catégorie, qu'il soit ésotérique ou banal, il faut lui appliquer les mêmes principes d'interprétation. Dans certains rêves, c'est l'atmosphère qui compte, alors que dans d'autres ce sera le dialogue. Cependant, chaque rêve se différencie des autres et c'est cette spécificité qu'il faut découvrir (en plus des autres traits dominants du rêve en question).

IMPRESSION GÉNÉRALE, HUMEUR

Les sentiments parlent plus fort que les mots et sont difficiles à traduire en paroles, de sorte que la première étape dans l'interprétation d'un rêve est d'en découvrir l'atmosphère et l'ambiance. On peut les concevoir comme la toile de fond du rêve lui-même, le décor devant lequel tout va se dérouler. Les accessoires sont en place, les acteurs font leur entrée, l'action peut commencer. Parfois, l'impression générale d'un rêve sera tout ce qui vous en restera; la mauvaise humeur que l'on conserve en soi toute une journée et que l'on attribue au fait de s'être "levé du mauvais pied" n'est souvent que le résidu d'un mauvais rêve; tout comme les impressions joyeuses et alertes qui font que les sombres nuages d'hier se sont soudainement dissipés durant la nuit. Ce sont là des exemples qui illustrent bien le pouvoir que les rêves peuvent avoir dans notre vie quotidienne.

L'atmosphère laissée par un rêve est un message en soi. Un décor planté sous un ardent soleil de midi ne peut qu'évoquer une scène d'espoir et un avenir plus radieux, alors que certains cieux obscurs et lourds de noires promesses d'orage symbolisent bien un avenir incertain. L'atmosphère se traduit en général en termes de couleurs claires ou sombres. Les couleurs vives expriment généralement des ambitions positives et un enthousiasme pour un projet bien défini, tandis que les tons sombres marquent souvent de douloureux problèmes pleins d'espoirs déçus. Étudiez donc attentivement les sentiments, ambiances et atmosphères de vos rêves, en particulier les conditions climatiques avant toute autre chose, car si vous passez à côté, vous risquez d'interpréter votre rêve en partant de bases fausses, voire inexistantes (ce qui est pire encore).

L'ARTISTE QUI SOMMEILLE EN NOUS

Il vous faut ensuite décider dans quelles proportions votre rêve mélange le littéral et le symbolique. En visitant un musée, on peut voir des tableaux répondant à trois types d'interprétation : littérale, symbolique et mixte. La comparaison entre les tableaux et les rêves est saisissante, de telle sorte qu'il peut être utile de considérer un rêve comme un tableau d'abord, avant d'en étudier les personnages, l'action et le dialogue.

Les peintures à sens littéral, ou peintures réalistes, représentent une scène avec autant de netteté et de précision qu'une photographie ; comme leur équivalent dans le monde des rêves, elles ne laissent aucune place à l'imagination. Les magasins sont des magasins, les maisons sont des maisons et les arbres sont des arbres jusque dans leurs moindres brindilles. L'artiste qui peint une telle toile est certes habile, mais il manque d'inspiration et n'utilise que son intellect pour transmettre son message, qui réside clairement dans l'importance des détails que nous n'aperce-vons pas en passant devant d'un pas pressé ; le thème appartient au domaine de notre vie de tous les jours.

Au premier regard, un tableau symbolique ou abstrait ne ressemble pas à grand-chose et semble dépourvu de sens pour tous ceux qui passent rapidement devant. On y voit des éclats de couleurs violentes en travers de la toile, un chaos de formes et d'ombres qui rendent vaine toute tentative de compréhension, jusqu'à ce que son créateur explique que les éclats rouges sont la colère d'hier; les formes sombres les menaces d'aujourd'hui et les traits lumineux l'espoir de demain. Nous y voyons alors un cri symbolique venu non de la tête mais du cœur, tandis que son titre nous indique qu'il peut s'agir par exemple d'un *Tourment*. Et on se demande alors comment un peintre réaliste pourrait arri-ver à représenter un tourment intérieur.

Le troisième type de peinture est un mélange de sens litté-ral et de sens symbolique, auquel on peut comparer de nom-breux rêves. Elle pourrait s'intituler *Les Yeux et les Oreilles au monde* en raison du symbole féminin monstrueux mais recon-naissable qui porte des yeux derrière la tête et colle son oreille au sol. L'artiste a ici habilement mélangé réel et imaginaire avec une certaine cruauté pour représenter ses propres sentiments à l'égard de sa belle-mère. Lorsque nous savons comment cher-cher, nous pouvons discerner la façon dont son esprit s'empare d'éléments du monde réel pour plonger ensuite dans les profon-deurs de son monde intérieur à la recherche de symboles, afin de réaliser cette caricature plutôt méchante mais néanmoins préci-se, littérale et symbolique à la fois.

L'esprit de rêve est très certainement un artiste qui som-meille en nous, à cette différence près qu'il possède un talent illi-mité. En utilisant les couleurs d'une manière dont les Renoir, Michel-Ange ou Turner du monde réel ne pouvaient que rêver, il peut produire des études de brun ou des atmosphères tristes aussi facilement qu'il peut inonder la toile de son esprit des cou-leurs d'un arc-en-ciel éthéré. Depuis les sommets mystiques des archétypes jusqu'aux insondables abysses, son pouvoir créatif est illimité.

SIGNES ET SYMBOLES

Il convient ensuite de s'intéresser aux signes et aux symboles, qui peuvent être des personnes, des animaux et des objets allant d'une tasse à café très quelconque jusqu'à une version ésotérique du SaintGraal. Il n'existe pas de séparation nette entre signes et symboles, car ils se fondent et se remplacent sans cesse mutuellement. Les signes sont souvent des images reconnaissables telles que personnes, animaux et objets, mais il ne faut pas forcément les prendre pour ce qu'ils sont au premier abord, tant il est fréquent qu'ils représentent quelque chose d'autre (par exemple, un cheval que nous voyons en rêve et qui ne correspond pas à une scène déjà vécue dissimule très probablement un symbole d'énergie). Une clef - à moins que vous n'en ayez perdu une récemment - vous fournit en fait un indice quant à une situation bloquée, vous apprend que des portes pourront s'ouvrir pour vous. Échelle, rouleau compresseur, marteau et mille autres objets apparaissent tous régulièrement dans nos rêves de cette façon métaphorique; il nous faut donc être prêts à les interpréter comme tels et non en tant que signes littéraux.

Les symboles représentent toujours d'autres principes et idées que ce à quoi ils ressemblent. Ils peuvent être des formes abstraites, des emblèmes mystiques ou religieux, mais le plus souvent il s'agit de signes qui représentent autre chose que leur apparence. Lorsqu'un cheval, par exemple, représente l'énergie et qu'une clef symbolise un indice, ils se transforment de signes en symboles. À cet égard, il y a peu de mystère dans la symbolique des rêves, car la majorité d'entre eux viennent non de l'inconscient collectif mais plutôt de notre environnement langagier, qui abonde en images et en métaphores du style "la part du lion", "un tempérament de feu", "un regard glacé" ou encore "un âne bâté". Certains de ces signes transformés en symboles servaient déjà bien avant l'invention de l'écriture, ce qui en fait des symboles proches des archétypes; c'est pourquoi un dictionnaire peut être utile, même Si l'élucidation du sens de la majorité des mots décrivant des images littérales à double sens ne demande qu'un peu d'imagination. Si nous prenons un rêve où l'image prépondérante est celle d'un bulldozer, peu de gens mettraient longtemps à comprendre que quelqu'un est sur le point d'être réduit à une soumission inconditionnelle.

On ne peut prendre les images des rêves pour ce qu'elles sont, à moins qu'il s'agisse d'un rêve purement littéral. Il nous semble d'ailleurs difficile de considérer une personne vue en rêve comme étant un symbole au même titre qu'un objet ou un animal, d'autant plus quand cette personne nous est proche. Mais est-ce bien certain? Ne représentons-nous pas tous "quelque chose" pour quelqu'un? Nous commençons par être un fils ou une fille. En adoptant, comme le fait l'esprit de rêve, un point de vue impersonnel, nous pouvons vite comprendre le jeu auquel il se livre.

Les gens ne sont plus eux-mêmes: ils sont toujours reconnaissables par leur statut de père, mère, fils, fille, grand-père ou ami, mais plus en tant qu'individu. Si vous ajoutez à cela les prénoms, qui ont tous un sens, et les mots affectueux comme "lapin", "chou", "minet" et autres sobriquets, le vaste cercle du remplacement d'une image par une fonction s'élargit encore.

En prolongeant cette réflexion, on comprend aisément pourquoi l'esprit rêveur n'a aucun mal à trouver des candidats pour les rôles d'idiot, d'imbécile, de sot ou de vache !

FIGURES PARENTALES ET FAMILLE

Parents et grands-parents font souvent irruption dans les rêves, mais neuf fois sur dix il faut les prendre comme des symboles et non comme la représentation des personnes réelles. Dans un contexte symbolique, nos mères représentent les principes féminins du réconfort, de la compassion et parfois le pouvoir excessif de notre Mère la Terre, alors que nos pères symbolisent l'autorité masculine, voire parfois l'image paternelle de Dieu lui-même. De même, un frère ou une sœur représente l'image d'un amour platonique fraternel.

Leurs cousins germains sont les personnes ne représentant qu'un statut : balayeur, médecin, informaticien, plombier, infirmière et avocat ont tous une valeur symbolique dans nos rêves (l'apparition d'un policier, par exemple, indique que les forces de l'ordre sont en jeu quelque part).

Pour résumer, nous pouvons donc dire que les rêves littéraux qui reflètent le monde réel utilisent des signes (personnes, objets, animaux) qui ne jouent que leur propre rôle, alors que les rêves symboliques représentent nos pensées et utilisent pour ce faire des signes littéraux qui ont une valeur symbolique de même que des symboles purement abstraits qui peuvent comprendre créatures mythologiques, labyrinthes et archétypes collectifs. Quel que soit le signe ou le symbole employé, il ne joue qu'un seul rôle par rêve, mais certains d'entre eux peuvent revenir dans plusieurs rêves avec le même sens fondamental. C'est le cas des membres de la famille, mais aussi des maisons, de l'eau, des explosions, des animaux, des arbres, des automobiles, des trains, des bateaux, des avions, des bus, des vélos.

CONVERSATIONS, PAROLES ET DIALOGUES

Souvent, ce n'est pas ce que nous disons qui importe le plus dans un rêve, mais la façon dont nous le disons : vous devez donc noter les intonations de tout dialogue, car l'esprit de rêve sait parfaitement jouer de ces effets. Les mots sont des signes et des symboles, et Si nous ne pouvons pas les prendre au pied de la lettre, il nous faut dans ce cas les interpréter métaphoriquement. Il arrive parfois que des paroles soient littérales, alors que la situation est symbolique, comme c'était le cas dans ce rêve où j'essayais d'attacher un collier tandis qu'une voix me disait: "Essaie, essaie, essaie encore." Le message parlé était littéral, alors que mes efforts étaient symboliques de ma situation financière.

Récemment, une femme rêva qu'elle se trouvait dans un bois et qu'elle y rencontrait un elfe qui lui disait : "L"homme qui coupe du bois te sauvera." Message symbolique s'il en fut! Sans connaître la vie de cette femme, je crus que cela signifiait qu'elle se trouvait en situation d'indécision (en anglais "être dans les bois" signifie "être un peu perdu") et que la seule personne qui pourrait l'en sortir serait un homme positif, à l'esprit pratique et probablement séduisant. Elle m'avoua alors qu'elle devait effectivement faire un choix entre deux hommes dans sa vie et que l'image d'un bûcheron correspondait à l'un mais pas à l'autre. Puissent-ils vivre heureux grâce à la force de ce rêve !

JEUX DE MOTS ET ÉNIGMES

L'esprit de rêve fabrique des jeux de mots et des énigmes qui nous donnent à penser que, une fois endormis, nous avons tous des talents littéraires. Les noms affectueux y figurent abondamment, ainsi qu'aurait dû le savoir cet homme qui rêvait souvent d'une pauvre poule au plumage en piteux état. S'il avait connu cette forme d'esprit des rêves, il aurait fait plus tôt le rapprochement avec sa pauvre femme toujours mal habillée qu'il insistait pour appeler "ma poule".

Nous faisons aussi beaucoup de jeux de mots inconscients concernant diverses parties du corps quand nous utilisons des expressions toutes faites telles que "prendre son pied", "avoir quelqu'un dans le nez", "mettre les pieds dans le plat" ou "ne pas entendre quelque chose de cette oreille". Il n'est pas rare non plus que nous fassions usage de paraboles et d'aphorismes tels que "faire son trou", "passer par le chas d'une aiguille" et "lancer des paroles en l'air". Tous ces exemples risquent fort de passer inaperçus Si nous ne leur prêtons pas attention.

Il existe enfin un dernier type de jeux de mots qui fonctionnent par assonance, comme celui que j'ai cité ("rauque" et "rock") en parlant d'un de mes rêves; "maître" et "mètre", "amande" et "amende" ou encore "hôtel" et "autel" en sont aussi de bons exemples. On peut les détecter en lisant le récit du rêve à voix haute; notre attention sera alors plus facilement attirée par ces "coïncidences".

ASSOCIATIONS D'IDÉES

Si vous notez une association d'idées dans votre journal, elle sera le prochain élément dont il vous faudra tenir compte. On sait bien que les émissions du soir pénètrent facilement dans les rêves, mais on ne peut dire que c'est là le stimulus qui a provoqué le rêve en question. Disons plutôt que l'esprit de rêve, lorsque vous regardez la télévision, est sans cesse aux aguets pour récupérer un morceau qu'il va introduire dans votre rêve. Si vous avez vu une violente escarmouche entre cow-boys et Indiens, elle pourra constituer une très bonne toile de fond pour un conflit que vous pourriez avoir avec votre percepteur.

Les soirées entre amis fournissent également un matériau abondant pour les rêves, ainsi que l'a découvert un homme qui venait de passer la soirée dans un bar bondé où il n'y avait que des hommes. Le rêve qui s'ensuivit fut l'exacte réplique de sa soirée, à ce détail près que ses amis étaient tous devenus des femmes !

RÊVES ET PIÈCES DE THÉÂTRE

Les rêves sont souvent constitués d'une suite d'événements, un peu à la manière d'une pièce de théâtre; certains sont divisés en de nombreux actes et scènes, alors que d'autres se concentrent sur un événement particulier. On y note toutefois une différence importante dans un rêve, le rêveur décide du titre et de l'action, écrit les dialogues, introduit les jeux de mots et sous-entendus, décide du décor, choisit les acteurs, puis se dépêche d'aller s'asseoir au premier rang pour regarder son œuvre, quand il ne fait pas lui-même partie de la distribution.

Puisqu'il a créé les personnages, il va de soi que le rêveur choisisse aussi les dialogues - et fasse dire aux personnages ce qu'il a envie d'entendre. L'esprit de rêve peut alors se montrer impartial et faire jouer une action plus réaliste et moins centrée sur les émotions - ce qui, avec un peu de chance, permettra d'améliorer les relations du rêveur et de son entourage.

Si nous lisons un rêve - comme nous le ferions pour une pièce - à la recherche de jeux de mots, l'action et les dialogues nous révéleront le rôle que joue chacun des personnages et feront ainsi apparaître le thème général du rêve. Les thèmes servent à résumer les rêves en une formule concise, à leur donner un titre en quelque sorte. Chaque rêve possède son propre thème et quelle qu'en soit la durée, il faut essayer de le résumer aussi brièvement et simplement que possible. Même une saga interminable, qui commencerait au sommet d'une falaise et qui décrirait par la suite la descente du rêveur jusqu'à la plage où il regarde un raz-de-marée pénétrant le rivage et noyant de nombreuses personnes pour finalement se terminer par la fuite du rêveur remontant se mettre à l'abri au sommet de la falaise, devrait se résumer en une phrase explicite telle que "Situation menaçante qui peut être surmontée."

MESSAGE ET SOLUTIONS

On peut espérer que les efforts fournis pour démêler l'écheveau d'un rêve (la découverte de son décor, de ses accessoires, de ses personnages, de ses signes et symboles ainsi que la reconnaissance de ses jeux de mots) parviendront à le transformer en un message cohérent. Comme les rêves eux-mêmes, certains messages seront brefs et simples, alors que d'autres seront longs et plus complexes.

Quand un message vous révèle une situation délicate, comme c'est souvent le cas, dites-vous qu'il renferme souvent aussi la solution - qui peut d'ailleurs être plus importante que le message lui-même, bien qu'elle n'en soit qu'une partie. Le rêve du raz-de-marée prévient de l'approche d'un danger, mais contient aussi la solution, qui veut que le rêveur s'élève au-dessus de cette situation périlleuse. Il constitue donc une prophétie réconfortante, mais annonce également que des efforts seront nécessaires pour s'en sortir, ainsi que le symbolise l'ascension certainement difficile de la falaise.

De même qu'il arrive qu'un avertissement en rêve demeure un avertissement et ne devienne pas prophétique Si l'on prend les décisions qui s'imposent, il peut aussi arriver que des rêves révèlent des problèmes et leurs solutions possibles. Dans les deux cas, la solution consiste à agir en fonction du message afin d'éviter ou de faciliter ce qui peut l'être.

PROPHÉTIES, PERCEPTIONS SUBLIMINALES ET PRÉMONITIONS

La question des prophéties, des perceptions subliminales et des prémonitions réside dans la compréhension des solutions. Il semble que les prophéties soient des déductions inconscientes échafaudées à partir de perceptions subliminales faites par l'inconscient qui enregistre beaucoup plus de données que le conscient. En revoyant une scène de votre vie, vous pouvez par exemple revoir des détails qui vous avaient échappé la première fois, comme c'était le cas de cette femme qui croyait que ses collègues conspiraient contre elle.

Les prémonitions, en revanche, qui semblent venir de perceptions extrasensorielles sans lien conscient ou inconscient avec le passé, le présent ou le futur, annoncent des événements que personne n'aurait pu prévoir. On peut même éliminer les intuitions et les perceptions subliminales de la liste des explications, car les vraies prémonitions nous donnent les dates et lieux des événements ainsi que les noms des protagonistes. Ces rêves ne s'inscrivent dans aucune relation de cause à effet. Aussi insignifiant que cela puisse paraître, c'était bel et bien le cas du rêve concernant ma tante de Saint Louis et l'homme qui allait licencier son mari, puisque son nom nous était totalement inconnu à l'époque.

GUIDE PRATIQUE DE L'INTERPRÉTATION

Il n'est pas plus facile d'appliquer des règles strictes à l'interprétation des rêves qu'à la tenue d'un journal de rêves. Il faut cependant essayer de vous en tenir à un schéma défini à l'avance, propre à faciliter votre tâche. Une fois que vous avez bien relu tous les renseignements contenus dans votre journal, vous pouvez commencer votre interprétation.

Il faut d'abord prêter attention à la date, qui peut correspondre à un anniversaire ou à quelque autre fête. Essayez ensuite de retrouver l'atmosphère du rêve en question, ce qui vous permettra d'établir l'importance des avertissements ou des encouragements que vous recevez. En considérant le rêve comme une peinture, vous percevrez rapidement s'il est à dominante littérale ou symbolique. Commencez de toute façon par envisager qu'il puisse avoir un sens littéral.

Si vous ne lui trouvez vraiment pas de message littéral, vous pouvez alors considérer le sens mystique ou symbolique. Ceux qui pensent que tous leurs rêves contiennent de grandes révélations mystiques passent en fait leur vie dans leurs rêves et ne mettent jamais en pratique ces prétendues révélations. Ceci ne veut pas dire que leurs interprétations soient fausses, mais en refusant de les ancrer dans le réel, ils les privent de consistance, ce qui revient à dire qu'ils les ont gaspillés. Il nous faut utiliser nos rêves en ce monde et non nous contenter de les admirer d'en haut.

Cherchez plutôt le message pratique et son application, en gardant bien à l'esprit qu'un rêve peut avoir un double message, le premier de nature littérale et le deuxième de nature symbolique. En reliant les différents épisodes entre eux comme les actes d'une pièce, vous pourrez avancer dans votre découverte. Les dialogues, jeux de mots et doubles sens prendront alors vie et vous pourrez comprendre les sens traditionnels des signes et symboles à l'aide d'un dictionnaire de rêves. Une fois que vous aurez pris en compte les associations d'idées et reconnu le thème principal, vous devriez pouvoir reconnaître le message. Après quoi il ne vous restera plus qu'à l'appliquer à votre situation personnelle, que nul ne connaît aussi bien que vous.

LES THÈMES DES RÊVES

La voie royale

"L"interprétation des rêves est la voie royale vers la connaissance des activités du subconscient", disait Freud. Ce qu'il ne savait pas, c'est que les Britanniques prennent cela au pied de la lettre, la famille royale figurant en bonne place dans leurs rêves, où ils se voient volontiers en train de prendre le thé avec la reine mère ou de monter à cheval avec la princesse Anne.

Hormis la folie des grandeurs et le désir de se placer au-dessus de ses voisins, la royauté symbolise les forces archétypales dont on nous a nourris dans notre enfance. Cendrillon, la Belle au bois dormant, les grenouilles qui se changent en princes et les princes qui épousent les bergères avant de vivre heureux et d'avoir beaucoup d'enfants ont bercé notre âge tendre par le biais d'innombrables contes de fées. Que nous soyons royalistes ou pas, ces archétypes profondément enracinés dans notre subconscient font des reines des héroïnes idéales. Elles sont Vénus, la Grande Prêtresse, la Reine du Ciel et notre Mère la Terre. Elles sont l'incarnation du côté féminin de la vie. L'autre aspect concerne la couverture médiatique dont font l'objet les membres des familles, qui se retrouvent souvent à la une des journaux. Qui pourrait alors vous en vouloir de les utiliser comme thème pour vos rêves ?

De même que certains signes et symboles apparaissent plus souvent que d'autres en rêve, il est des thèmes plus courants, et même s'ils sont communs à de nombreuses personnes, ils n'en possèdent pas moins un sens bien défini pour chaque rêveur.

La Demeure de l'âme

Le plus commun de tous ces thèmes est celui qui nous fait voir une maison où nous n'habitons que pendant nos rêves et qui symbolise la Demeure de l'âme. Chacune de ces maisons est aussi différente des autres que le rêveur qui l'a créée pour symboliser sa personnalité. Cette maison est le pendant physique du rêveur et son occupant est l'âme de ce dernier, qui se promène dans ces pièces étranges et pourtant familières, qui monte et descend les escaliers et glisse le long des couloirs. Le grenier recèle les grands espoirs, diverses reliques poussiéreuses à force d'y avoir été oubliées, tandis que la cave abrite d'étranges créatures qui rampent et se terrent dans les coins sombres. La chambre est réservée à l'intimité et aux activités sexuelles et c'est dans la cuisine que nous affrontons les réalités de la vie quotidienne. Il existe d'infinies variantes, mais le thème sous-jacent est toujours le même : nos relations personnelles à l'intérieur et aux alentours de cette Demeure. L'état général de la maison est révélateur de la condition physique et mentale du rêveur. Si l'action se déroule au grenier, il est alors question d'idéaux, d'espoirs, d'intuitions et d'intellect. Si au contraire elle se situe dans la cave, soyez sûr qu'elle va braquer les projecteurs sur ce que vous cachez là. Cette maison est pleine de portes qui peuvent ou non s'ouvrir sur de bonnes occasions. Lorsqu'elles sont fermées, il vous faut alors trouver la clef. Les escaliers peuvent être difficiles à gravir, mais l'effort peut en valoir la peine. Il vous faut aussi entretenir les cheminées et les poêles que vous y voyez pour continuer à alimenter votre espoir. Les fenêtres, qui sont les yeux de l'âme, peuvent donner sur des jardins, des pâturages ou des parcs qui représentent notre jardin d'éden personnel, ce qui n'en fait pas forcément un endroit idyllique. Il représente notre environnement, tel que nous seuls le voyons. Chez certains, les massifs seront abandonnés et envahis par les mauvaises herbes, tandis que chez d'autres il y régnera un ordre trop parfait qui indique que même la nature du rêveur est vidée de son essence. Il est aussi important de noter qui pénètre dans ce jardin, visiteurs ou intrus, car ils représentent nos amis et ennemis, habilement déguisés.

C'est un rêve sur le thème de cette Demeure de l'âme qui aida un homme à retrouver fierté et confiance en lui-même : il rêva qu'il se trouvait devant une grille de jardin à moitié sortie de ses gonds. Le jardin semblait mal entretenu, mais en parfait état à côté du délabrement extérieur de la maison: la peinture s'écaillait, la cheminée était de guingois et les fenêtres avaient l'air miteuses. Une fois dans la maison, il s'aperçut cependant que l'intérieur était très bien tenu. Un repas attendait dans la cuisine et bien que le reste de la maison fût modeste, il n'en était pas moins propre et bien entretenu.

Avant même que cet homme ne prenne sa situation personnelle en compte, l'interprétation de son rêve était évidente : en se tenant à la porte de la Demeure de son âme, il pouvait se voir de façon objective, tel que les autres le voyaient de l'extérieur. Le délabrement de la façade reflétait le manque de soin qu'il apportait à sa propre apparence, mais l'ordre qui régnait à l'intérieur le rassura sur la superficialité du problème. Le repas dans la cuisine symbolisait la nourriture de l'esprit de sorte qu'en s'évaluant différemment, ce rêveur parvint à retrouver confiance en lui-même et à améliorer son apparence extérieure.

Les thèmes liés à l'eau

L'eau représente les émotions et les sentiments. Depuis l'écoute d'un ruisseau qui murmure jusqu'au sentiment de noyade dans un torrent déchaîné, toutes les profondeurs de notre psychologie peuvent se trouver symbolisées dans les thèmes aquatiques. La profondeur, la transparence et les mouvements de l'eau sont autant de détails auxquels il faut prêter attention: Si vous survivez à une tempête en mer, vous saurez bien sûr que vous allez pouvoir surmonter des temps difficiles, mais Si l'eau de votre rêve est dormante et semble profonde et trouble, vous saurez que vous devez vous attendre à des difficultés imprévues, voire à être emporté par un invisible courant contraire.

Les rêves de grandes inondations, qui sont très courants, peuvent être interprétés de deux façons : il peut s'agir de la prémonition d'un grand danger collectif, tel que le déluge biblique, ou d'un événement personnel qui verra votre vie bouleversée par de trop fortes émotions. Ces rêves voient souvent le rêveur survivre alors que de nombreux autres périssent.

Les thèmes de naissance et de mort

On dit que rêver d'une naissance annonce une mort et vice-versa. Les rêveurs doués de talents psychiques reçoivent souvent des messages de ceux qui s'apprêtent à venir au monde ou bien à le quitter, et sont donc prêts à ces événements. La majorité des rêves concernant les bébés sont cependant symboles de potentiel personnel et d'espoir pour l'avenir, car les bébés des rêves sont le fruit de l'imagination du rêveur. Ils lui disent de manière symbolique qu'il a en lui tout ce qu'il lui faut pour réaliser ses plus vieilles ambitions. Le thème reste le même, c'est l'ambition qui change.

En revanche, la mort laisse toujours subsister un sentiment de malaise après un rêve. Bien qu'il s'agisse surtout d'une peur que le rêve soit prophétique, ce qui peut arriver, il faut plutôt interpréter ces rêves comme des avertissements. Il est parfois impossible d'éviter des événements tragiques, même s'ils ont été annoncés très clairement en rêve, ainsi que l'a découvert le père d'un pilote amateur. Dans son rêve, il voyait un petit avion piloté par son fils s'abîmer en mer. Les supplications faites à son fils n'aboutirent pas, car ce dernier refusait d'admettre qu'un rêve puisse se réaliser : ce qui aurait pu n'être qu'un message d'avertissement devint une tragique prophétie.

La vaccination mentale

Quand l'inévitable survient après un rêve prophétique, le rêveur a été au moins en partie préparé à ce choc et peut se considérer comme vacciné contre ce traumatisme mental. Heureusement, la majorité de ces rêves sont symboliques et montrent plutôt que la "victime" doit s'apprêter à affronter une crise qui demandera toute l'aide et la compréhension que le rêveur pourra lui apporter. Le cauchemar fait il y a quelques années par l'une de mes amies est à cet égard très révélateur. Quand sa fille avait sept ans, elle rêva qu'elle la voyait allongée à plat ventre dans un fossé, comme noyée. Elle portait son uniforme d'école rayé et son cartable semblait la tirer vers le fond. Il est aisé de comprendre que ce rêve vieux de près de vingt ans symbolisait le poids énorme d'une scolarité sur les épaules d'une fille de cet âge. Quand l'on sait à quel point l'esprit de rêve aime les métaphores, il n'est guère surprenant que nos rêves fassent un tel usage du thème de la mort. "J'aurai sa peau" est une expression couramment employée ; même si elle ne doit généralement pas être prise au pied de la lettre, elle n'en fournit pas moins un sujet idéal propre à être réutilisé par la suite dans un rêve - de sorte que lorsque quelqu'un nous déplaît vraiment beaucoup, l'esprit de rêve s'empresse de la ressortir du fond de notre inconscient pour nous en renvoyer le message.

Voir une personne dans son cercueil peut signifier qu'elle est responsable de ses problèmes, mais aussi, selon la situation, que son amour pour nous est mort et que nous ne pouvons pas l'admettre. Se voir mort, même Si une date apparaît clairement dans le rêve, signifie qu'il ne nous reste qu'un temps limité pour accomplir quelque chose. Se voir mourir et renaître indique en revanche la fin d'une période de la vie et le début d'une nouvelle.

La nudité

Se promener dans des habits trop courts, voire entièrement nu, peut sembler très drôle le matin au réveil, alors que dans le rêve cette sensation était Si réaliste qu'elle n'avait rien d'amusant. On pensait jadis que la nudité symbolisait un complexe de culpabilité d'ordre sexuel, mais on sait aujourd'hui que les rêves de ce type expriment plutôt la peur du rêveur de se retrouver "mis à nu" en public; un sentiment de vulnérabilité fait qu'il ne tient pas à ce que certaines choses soient révélées. Les vêtements représentent notre façade extérieure et les artifices que nous utilisons pour masquer notre "moi" intérieur. Si l'on retire ces vêtements, ce n'est pas le corps qui se retrouve découvert, mais les secrets personnels.

Dans un sens plus pragmatique, la nudité peut simplement être un avertissement signalant que nous livrons trop de secrets et que nous révélons trop d'éléments de notre personnalité. Alors qu'elle venait de se faire un nouvel ami, une femme rêva que ses vêtements disparaissaient un à un alors qu'elle lui parlait. Elle se réveilla lorsqu'elle fut complètement nue et très gênée. Tout était révélé dans le rêve, mais cela lui permit de faire plus attention au cours de la rencontre suivante et d'éviter trop de confidences qui auraient pu gâcher leur relation.

Les voyages

Les voyages sont souvent présents dans les rêves, même s'ils ne constituent qu'une partie d'un rêve bien plus vaste. Quel que soit le moyen de transport employé, train, bateau, avion, voiture, vélo ou bus, le voyage représente le chemin de votre vie. Les gares, arrêts de bus, aéroports et stations-service sont des endroits où il vous faut vous arrêter et attendre pour décider de la direction que vous allez prendre. Rater un bus signifie qu'il ne faut pas s'inquiéter : vous avez raté une occasion, mais la prochaine viendra bientôt. Le message est alors "Sois patient et garde confiance en l'avenir."

Aide et guérison

L'aide et la guérison peuvent prendre diverses formes. Les cauchemars, que l'on considère souvent comme de mauvais rêves, peuvent être en soi des processus de guérison. Ceux qui déclenchent des maux et des fièvres entraînant une vive accélération du métabolisme en nous faisant suer abondamment et en augmentant notre rythme cardiaque ont de remarquables pouvoirs curatifs. Après tout, l'énergie est la clef de toute guérison et, Si le cauchemar suivant fit la une des journaux britanniques en 1979, il n'est qu'un exemple parmi de nombreux autres que personne ne remarque ou qui n'attirent pas autant de publicité.

Un ami des chiens soigné par un rêve

George Edwards a reçu en rêve un étonnant remède concernant la tumeur au cerveau qui paralysait son côté gauche. S'étant réveillé en sursaut dans son lit d'hôpital à la suite d'un cauchemar, il découvrit qu'il pouvait de nouveau bouger son bras et sa jambe gauches. M. Edwards, un mécanicien âgé de 64 ans, avait été admis à l'hôpital d'Ashford, dans le Middlesex, après que les médecins eurent diagnostiqué une tumeur au cerveau. Il fut ensuite transféré au Middlesex Hospital de Londres où il rêva que Rufus, son chien, devait être piqué. "Le cauchemar était très réaliste, j'étais vraiment convaincu que Rufus allait être piqué", a déclaré M. Edwards, de retour dans sa maison du Middlesex. "Je me suis réveillé en criant, sentant une terrible secousse traverser ma jambe et mon bras gauches. Les infirmières ont été estomaquées quand elles m'ont vu me lever et soulever une chaise. Les docteurs ont dit qu'ils n'avaient jamais rien vu de semblable." Six jours après le cauchemar, M. Edwards était suffisamment en bonne santé pour retourner chez lui. "C'est mon chien qui m'a sauvé. Dans mon rêve, j'étais vraiment persuadé qu'il allait être tué et cela m'a donné un tel choc que ça m'a remis en marche", a conclu M. Edwards.

Pour recevoir des soins dans nos rêves, il suffit d'incuber un rêve guérisseur; le cas de M. Edwards semble toutefois avoir été l'objet d'un rêve spontané. Si la guérison est possible sans qu'on l'ait recherchée, il est tout de même plus prudent de demander que l'énergie curative soit dirigée vers cette partie de nous qui est souffrante afin qu'elle agisse pendant notre sommeil. Si nous pensons avoir besoin d'un remède plus spécifique, il nous sera alors montré en rêve. Ces rêves n'ont généralement pas besoin d'être interprétés, car leur message prend généralement forme dans notre vie quotidienne et vient s'inscrire dans la chaîne des causes et effets qui commence avec l'incubation des rêves, ainsi que le montre le rêve suivant.

Une guérison par le rêve

Ce rêveur souffrait d'une fièvre bénigne mais chronique depuis plus de six mois et les soins prescrits par son médecin n'avaient eu aucun effet. En se concentrant sur sa maladie et en faisant à son esprit de rêve la demande de soin appropriée, il finit par faire le rêve suivant. Il se voyait passer devant un magasin où il y avait dans la vitrine une bouteille de verre étiquetée "Tonic". En se réveillant, il se dit, sans trop y croire, qu'un produit tonifiant acheté chez le pharmacien ferait peut-être l'affaire. En se rendant à la pharmacie, il passa devant un magasin de vins et spiritueux où il y avait dans la vitrine une bouteille étiquetée "Tonic Water". Il en acheta une demi-douzaine, abandonna l'idée d'aller chez le pharmacien, rentra chez lui et se mit en devoir de les boire. Cette nuit-là, pour la première fois depuis six mois, il n'eut pas de fièvre. En fait, l'eau qu'il avait achetée contenait de la quinine, un remède bien connu contre la malaria et les fièvres. Après avoir suivi ce traitement pendant un mois, il constata que sa fièvre était complètement disparue; il garda toutefois une bouteille de cette boisson à portée de la main pour parer à toute éventualité.

Aide psychologique

Si nous le voulons vraiment, nos rêves peuvent également nous être d'un grand secours sur le plan psychologique - mais nous sommes peu souvent enclins à demander ce genre d'aide parce que cela reviendrait à faire taire notre fierté. Quand, récemment, deux amies se séparèrent, un différend s'installa entre elles et prit chaque jour plus d'ampleur, à la grande douleur de l'une d'elles qui ne voyait aucune issue au conflit. Heureusement elle demanda à un rêve de lui apporter une solution, qui se manifesta après trois nuits d'attente. Elle se voyait dans son jardin, observant de lourds nuages d'orage qui s'amoncelaient au-dessus d'elle. Une hache reposait contre un arbre dans un coin du jardin et elle alla s'en emparer. La hache se transforma alors en bêche avec laquelle elle entreprit de creuser un trou. Une fois le trou creusé, elle y plaça la hache devenue bêche, puis le remplit de terre. La réponse à sa requête était symbolique : il lui fallait enterrer la hache de guerre. Le message était clair et c'était maintenant à elle de décider si elle agirait en conséquence ou non.

L'évolution de rêves

Les effets d'un rêve peuvent se faire sentir de façon irrévocable, rappelez-vous le rêve de Pharaon; en remontant le cours de l'histoire jusqu'à cet événement, on constate qu'il a effectivement influencé l'histoire de l'humanité. Nos rêves peuvent également jouer un tel rôle sur le plan individuel. Il arrive que le continuum passe inaperçu, mais il arrive aussi que les relations de cause à effet soient très visibles, comme ce fut le cas pour l'homme qui avait rêvé de la bouteille qui allait le guérir et pour cette femme qui avait rêvé d'un parapluie, se rappelant ainsi un rendez-vous amoureux. Qui peut dire où nous mènera le pouvoir d'un rêve ?

Si un rêve nous laisse une impression particulière, et principalement s'il met en scène une personne que nous ne reconnaissons pas ou que nous ne pouvons pas associer à un aspect de notre personnalité, nous devrions revenir sur ce rêve pendant la journée et essayer de découvrir l'identité de cette personne. Comme nous l'avons créée dans notre rêve, notre esprit de rêve, lui, sait ce que cette personne représente. Il faut alors rejouer mentalement cette scène et, au moment où réapparaît cette figure, lui demander fermement qui elle est.

Il est cependant important de se souvenir que cette figure n'est pas forcément une personne, qu'elle peut être un artifice de notre imagination pour représenter une peur ou un problème particulier. Dans l'imagerie populaire, par exemple, la mort est souvent représentée sous les traits d'une femme légèrement voûtée et drapée dans une cape, c'est donc déjà un point de départ. Nous utilisons souvent les qualificatifs pitoyable, colérique ou misérable pour décrire ce que nous pensons être les traits de caractère des autres, aussi peuvent-ils pénétrer dans nos rêves précisément sous ces déguisements. Quand vous aurez reconnu le trait dominant de la figure de votre rêve, vous aurez du même coup reconnu la personne qui se cache derrière.

Le pardon et le rêve meurtrier

L'un des rêves les plus impressionnants qu'il m'ait été donné d'analyser venait d'un homme qui purgeait une peine de prison à vie pour avoir tué sa femme au cours d'une crise de jalousie. Dans ce rêve, qui se répéta plusieurs mois durant, il rejouait la scène en question et revoyait en détail le meurtre ainsi que la mort de sa femme. Puis pendant l'un de ces rêves, comme il regardait avec horreur ce qu'il venait de faire, il constata que la blessure était en train de se refermer lentement pour finalement se cicatriser et disparaître, avant que sa femme ne se rétablisse complètement.

Il semblait clair que, pris de remords, cet homme regrettait son geste et, par l'intermédiaire d'un rêve d'accomplissement du désir, qu'il tentait de réparer son acte. Je ne crois cependant pas que notre esprit de rêve soit assez naïf pour s'imaginer qu'il puisse inverser le cours du temps: il manquait donc un complément à cette première interprétation. En rejouant en rêve les événements réels de son meurtre, cet homme en revivait tout simplement les détails, jusqu'à ce qu'un nouvel épisode vienne s'ajouter, celui de la guérison symbolique de sa femme. Je pense que cela signifie qu'elle lui avait pardonné ce qu'il avait fait. Il est des actes que l'on peut rarement se pardonner à soi-même, mais grâce à un rêve et à l'aide de ceux qu'il met en scène, qu'ils soient morts ou vivants, il est peut-être possible d'obtenir la solution.

Les rêves et la vie

Les rêves nous parlent de la vie, tout comme la vie nous parle des rêves. Le nombre d'erreurs que nous commettons - dès lors que ces erreurs n'engagent personne d'autre que nous et que nous en tirons les leçons qui s'imposent - importe peu, car c'est le propre de l'expérience de nous enseigner ce qu'il faut faire. Les rêves, par contre, nous permettent d'accéder plus rapidement à cette expérience - à condition, bien sûr, de reconnaître qu'ils peuvent nous apporter pouvoir et sagesse.

Nous devons aussi accepter que les rêves sont par essence les mêmes pour tout le monde; nous faisons tous des rêves prophétiques, des rêves d'avertissement, des rêves de peur, des rêves sexuels et de toute autre forme pouvant exister. En fait, c'est la proportion de chacune de ces catégories qui varie, dépendamment de nos besoins et de notre mode de vie. Si nous sommes satisfaits de notre sort et que nous ne nous posons pas de grandes questions cosmiques, nous ne recevrons pas de réponses "profondes", car notre esprit de rêve ne verra pas la nécessité de se fatiguer à nous livrer des messages de cette envergure. En revanche, Si nous cherchons sincèrement des solutions pour des travaux créatifs et originaux, comme le firent le professeur Kekule, Léonard de Vinci et tant d'autres grands hommes, alors nous pourrons recevoir de nos rêves les réponses originales tant attendues.

Dictionnaire des signes et symboles des rêves

"Un bon interprète des rêves est celui qui a le don d'observer les ressemblances."

Aristote

Les ressemblances, dans les rêves, sont des situations où un groupe d'éléments en représente un autre, à la manière d'une parabole qui fait passer un message sous un déguisement. Les rêves ont un langage à eux, mais ils utilisent aussi maints mots, jeux de mots et expressions toutes faites Si bien que, une fois que l'on a compris de quoi nous parle notre esprit de rêve et qu'on a assimilé ces ressemblances verbales, cet aspect de l'interprétation des rêves devient vite évident. Le premier mot de la liste de notre dictionnaire nous en fournit un bon exemple: "Abandon". Il décrit une situation où le rêveur est perdu ou isolé et bien que le mot "abandon" n'apparaisse pas tel quel dans le scénario du rêve, il peut résumer l'ensemble de la scène. Il prévient alors, de manière littérale, que le rêveur risque de se voir abandonné ou bien, de manière symbolique, qu'il a besoin d'isolement, d'indépendance pour accomplir le rêve de sa vie. Il revient au rêveur d'identifier le message qui s'applique à sa situation.

Aussi complet que puisse être un dictionnaire de rêves, il ne pourra jamais donner "tout" le sens d'un rêve. Il ne peut pas traduire le langage des rêves en langage usuel parce qu'il ne s'agit pas que de remplacer simplement un mot par un autre, comme c'est souvent le cas en traduction. Ici s'applique la différence entre traduction et interprétation. Un dictionnaire de rêves peut par contre donner le sens littéral, symbolique et métaphorique d'un symbole et attirer l'attention sur les jeux de mots possibles.

Le sens littéral d'un signe peut être métaphorique ou franchement littéral, auquel cas il ne nécessite aucune explication particulière. Les menottes, par exemple, indiquent que le rêveur se sent gêné dans ses mouvements pour une situation donnée et on ne peut dire grand-chose de plus. Par contre, de nombreux symboles provenant d'interprétations de rêves inscrites sur des stèles et des monuments égyptiens, babyloniens, indiens et chinois sont un héritage de l'Antiquité. D'autres ont été rassemblés au cours des âges, en même temps que la race humaine progressait et voyait ses horizons s'élargir. J'ai aussi inclus dans ce dictionnaire les sens symboliques provenant d'interprétations psychologiques, sociales et archétypales ainsi que des entrées plus récentes comme l'avion, les ovnis et l'ordinateur.

En dépit de tout cela, c'est le sens de chaque mot, pris individuellement, qui importe, bien plus que la définition que peut donner un dictionnaire. L'esprit de rêve a beau jouer de tout ce qui lui tombe sous la main, y compris les mots de tous les jours, il n'en demeure pas moins qu'il choisit le sens de ces mots en fonction de ses expériences personnelles liées à ces mots, expériences qui lui sont propres. C'est cela qui fait que nous voyons chacun la vie différemment et qui fait de nos rêves des œuvres d'art inimitables.

SENS DES SIGNES ET SYMBOLES DES RÊVES

Abréviations
Calembour : *cal.*
Métaphorique : *mét.*
Symbolique : *symb.*
Littéral : *lit.*

A

Abandon	*lit.*	Vous êtes ou allez être isolé, abandonné.
	symb.	Besoin d'indépendance.
Abbaye	*symb.*	Demeure de l'âme. Protection, idéaux élevés et croyances fortes.
Abdomen	*lit.*	Attention à votre santé.
	symb.	Vulnérabilité.

Abeille	*symb.*	Ancien signe de succession royale. Signe de bonne fortune.
Aboiement	*symb.*	Signe avertisseur de l'approche d'un danger.
Abondance	*symb.*	Richesse émotionnelle et psychique.
Abricot	symb.	Bonne santé et bonne chance.
Abysses	*symb.*	Profonde dépression. Période d'épreuves.
Acier	*symb.*	La nature associée à l'ingéniosité humaine finiront par résoudre le problème.
Acrobate	*symb.*	Vous pouvez surmonter vos difficultés en les contournant.
Acteur et actrice	*symb.*	Méfiez-vous des fourbes.
Adam et Ève	*symb.*	Héritage physique et spirituel. Rêve des plus heureux, annonciateur d'harmonie.
Adultère	*lit.*	Sentiments coupables.
	symb.	Contamination.
Afrique	*symb.*	Potentiel inconnu. Ascension sociale.
Agenouillé	*symb.*	Montrez du respect aux autres.
Agneau	*symb.*	Initiation aux mystères ésotériques.
Aigle	*symb.*	Ambition et domination extrêmes.
Aiguille	*symb.*	Continuez d'essayer de faire amende honorable.
Ail	*symb.*	Protection contre les maux physiques.
Aimant	*symb.*	Sex-appeal et séduction personnelle.
Air	*symb.*	Inspiration.
Albatros	*symb.*	Bon présage pour l'avenir.
Alligator	*symb.*	Opposition dangereuse.
Amande	*symb.*	Amertume. Également: guérison.
Ambassadeur	*symb.*	Autoreprésentation.
Ambre	*symb.*	Attraction magnétique.
Ami	*symb.*	Soutien en période de besoin.
Amérique	*symb.*	Dualité, situations jumelles.
Améthyste	*symb.*	Paix de l'esprit.
Amulette	*symb.*	Signe de protection.
Anagramme	*symb.*	Sens secret et caché.
Ancêtres	*symb.*	Caractéristiques héritées.
Ancre	*symb.*	Fort attachement à une personne ou à un

endroit.

Âne	*mét.*	Attention à votre attitude en public.
Ange	*symb.*	Messager des rêves.
Anguille	*symb.*	Indication d'une excellente vie amoureuse.
Animaux	*symb.*	Instincts humains élémentaires. La peur de certaines créatures indique un manque de connaissance de soi. Voir aussi chaque animal concerné.
Anneau	*symb.*	Vieille amitié jamais démentie. Mariage et fiançailles.
Anniversaire	*symb.*	Période propice à une célébration et au souvenir.
Antienne	*symb.*	Message divin.
Antiquités	*symb.*	Espoirs et idéaux oubliés, mais importants.
Après-midi	*lit.*	Heure précise. symb. Age moyen.
Araignée	*symb.*	Figure féminine dominatrice. Également travail méticuleux.
Arbres	*symb.*	Choses de la famille.
Arc-en-ciel	*symb.*	Les sept couleurs dénotent différentes énergies curatives.
Arche	*symb.*	Unification au plus haut degré. Promotion et aboutissement d'idéaux.
Arche de Noé	*symb.*	Protection et sécurité en des temps difficiles.
Archer	*symb.*	Personne qui sait où elle va. Personne née sous le signe du Sagittaire.
Argent (métal)	*symb.*	Tirez tout ce que vous pouvez des deuxièmes choix.
Argent	*lit.*	Affaires d'argent en règle générale.
	symb.	Sagesse et connaissance.
Armée	*symb.*	Opposition et manque de soutien.
Artiste	*symb*	Aspect créatif du rêveur.
As	*symb*	Gain, succès, prix.
As de carreau	*symb.*	Succès dans vos nouvelles tentatives professionnelles.
As de cœur	*symb.*	Réussite en amour et en amitié.

As de pique	*symb.*	Attention: obstacle presque infranchissable.
As de trèfle	*symb.*	Sécurité financière.
Ascenseur	*symb.*	S'il monte, pensées inspirées. S'il descend, retour aux réalités, mais pas de dépression.
Ascension	*symb.*	Progrès. Capacité à surmonter les problèmes.
Asie	*symb.*	Mystère et romantisme.
Asperge	*symb.*	Il se passe des choses à l'avant-garde, alors restez avec les autres.
Asthme	*symb.*	Inspiration inhibée débouchant sur une frustration.
	lit.	Risque pour votre santé.
Asticot	*symb.*	De grands changements sont à attendre.
Astronome	*symb.*	Regardez aussi loin que vous le pouvez.
Atomes	*symb.*	Vous aurez la révélation d'un important détail de la logique d'une situation.
Attaque	*lit.*	Attention : danger physique.
	symb.	Besoin de protection psychique.
Aubépine	*symb.*	Le dieu Bran.
Auréole	*symb.*	Champ d'énergie personnel. L'aura.
Australie	*symb.*	Jeunesse et potentiel inexploité.
Autel	*symb.*	Sacrifice de soi.
Automne	*symb.*	Il est temps de profiter des choses au mieux.
Automobile	*symb.*	Ambition qui pousse le rêveur le long du chemin de sa vie.
Autruche	*mét.*	Ne vous cachez pas la tête dans le sable.
Avalanche	*symb.*	Vous risquez d'être dépassé par les événements.
Avare	*symb.*	Caractéristique personnelle peu reluisante.
Aveugle	*symb.*	Aveuglement spirituel.
Avion	*symb.*	Idéaux élevés. Accident: idéaux qui ont besoin de contact avec la réalité.
Aviron	*symb.*	Effort concerté pour mener à terme un projet ou une période de votre vie.

Avocat	*symb.*	Allez chercher les conseils de professionnels.
Avocat (le fruit)	*symb.*	Développement d'activités sociales.
Avoine	*symb.*	Appétit sexuel.
Avortement	*lit.*	Fausse couche.
	symb.	Espoir de destruction du futur. Déni de justice.

B

Bagage	*symb.*	Voyage imminent. Attributs personnels. Épouse difficile. Qualités superficielles qui peuvent freiner les vrais progrès.
Baie	*symb.*	Fruit du travail.
Bâillement	*symb.*	Il faut trouver une issue à cette situation ennuyeuse.
Baiser	*symb.*	Symbole choisi à une fin particulière.
Balai	*symb.*	Bonne fortune et changements imminents.
Balayer	*symb.*	Commencez tout de suite, sinon votre projet échouera. Commencez par faire le vide.
Balcon	*symb.*	Domination d'une situation.
Baleine	*symb.*	Le "moi" féminin. La matrice de la Mère Nature.
Balle	*symb.*	Le monde.
Balle de fusil	*symb.*	Avertissement d'escarmouches verbales.
Ballet	*symb.*	Petite consolation.
Bandage	*symb.*	Besoin de protection physique.
Baptême	*symb.*	Un nouveau départ. Pardon.
Barbe	*symb.*	Force de conviction. Déguisement.
Barbecue	*symb.*	Nombreuses soirées en perspective.
Barge	*symb.*	Voyage facile, mais ennuyeux.
Barrage	*symb.*	Émotions bloquées.
Barrière	*lit.*	Obstacle évident.
	symb.	Obstacle moins évident.

Bassin	*symb.*	Source de soutien et de rajeunissement.
Bataille	*symb.*	Combat pour la bonne cause. Défense, mais pas attaque.
Bateau	*symb.*	La personne dans son entier, quand rien n'est certain et que l'on se sent en train de faire naufrage.
	symb.	Le destin sur les eaux calmes ou troublées de la vie.
Bâtiments	*symb.*	Demeures de l'âme. La personne en son entier.
Bazar	*symb.*	Bonne fortune inespérée.
Bébé	*symb.*	Invention du rêveur. Grand potentiel pour l'avenir.
Bélier	*symb.*	Domination du patriarche. Quelqu'un de ce signe.
Belle-mère	*lit.*	Belle-mère.
	symb.	Force avec laquelle il faudra compter. Quantité inconnue.
Berceau	*symb.*	Vide, il indique des désirs inassouvis. Un bébé dans un berceau signifie des récompenses futures.
Berger	*symb.*	Le gardien de l'esprit.
Bétail	*symb.*	En train de paître : satisfaction. Si vous le guidez sur la route : besoin d'efforts concertés dans une seule direction
Bêtes	*symb.*	Les bêtes héraldiques et mythologiques représentent les forces des archétypes.
Betterave	*symb.*	Pensée ou nourriture curative.
Beurre	*symb.*	Ne vous laissez pas détourner par de douces paroles.
Bible	*symb.*	Cherchez la vérité.
Bijoux	*symb.*	Richesse de l'esprit.
Biscuits	*symb.*	Doux souvenirs.
Blanc	*symb.*	Conscience spirituelle. Combinaison de toutes les couleurs de la guérison.
Blé	*cal.*	L'argent.
	symb.	Fertilité et abondance.

Blessure	*symb.*	Se protéger contre des attaques verbales.
Bleu	*symb.*	Énergie spirituelle et protection.
	mét.	Mélancolie.
Boisson	*symb.*	Besoin d'une nourriture simple. Besoins spirituels.
Boîte	*symb.*	Vous ne vous laissez pas suffisamment aller.
Boîtier	*symb.*	Des obstacles vous empêchent d'avancer rapidement.
Bonbons	*symb.*	Amants et admirateurs du sexe opposé.
Boomerang	*symb.*	Retour de manivelle.
Bossu	*symb.*	Temps meilleurs en perspective.
Boucher	*symb.*	Attention à vos nouvelles connaissances.
Bouchon	*symb.*	Les ennuis seront bien maîtrisés.
Boucles	*symb.*	Leur propriétaire recevra une distinction d'oreille inhabituelle.
Boue	*symb.*	Les éléments de la terre et de l'eau. Émotions. Revers de la médaille.
Bougie	*symb.*	Une bougie allumée indique l'ardeur; éteinte, c'est alors la déception.
Bouilloire	*symb.*	Ça va chauffer à la maison.
Bouledogue	*symb.*	Défense et protection.
Bouquet	*symb.*	Récompense.
Bouteille	*symb.*	Limites et inhibitions.
	cal.	Vieillissement.
Boutons	*symb.*	Servez-vous de votre intelligence. Un bouton perdu prévient de dépenses excessives.
	cal.	Problèmes de peau.
Bracelet	*symb.*	Union et réunion.
Braises	*symb.*	Espoir, ambition et objectifs sur le déclin.
Bras	*lit.*	Attention trop d'efforts physiques.
	symb.	Temps meilleurs en perspective en raison de vos efforts.
Broderie	*symb.*	Méfiez-vous des exagérations caricaturales.

Brûlure	*symb.*	Ennuis dont on est responsable.
	mét.	Attention à ne pas vous brûler les doigts.
Brun	*symb.*	Chance financière.
Bruyère	*symb.*	Bonne fortune bien méritée.
Bureau	*symb.*	Pièce qui abrite la mémoire dans la Demeure de l'âme.
Bus	*symb.*	Le Destin. Les arrêts de bus sont les périodes de repos et le besoin d'envisager une nouvelle direction à prendre.

C

Cage	*symb.*	Les animaux en cage marquent des inhibitions, des restrictions.
Calendrier	*symb.*	Soucis pour des événements à venir.
Caméléon	*symb.*	Attention: les gens et les situations ne sont peut-être pas ce dont ils ont l'air.
Caméra	*symb.*	Gardez vos secrets pour vous.
Canal	*symb.*	En rapport avec la naissance et l'accouchement.
Canari	*symb.*	Message de bonheur dans certaines limites.
Cancer	*lit.*	Peur d'une maladie.
	symb.	Personne née sous le signe du Cancer.
Cannibale	*symb.*	Autodestruction.
Canoë	*symb.*	Indépendance et confiance en soi sont indispensables.
	mét.	Vous allez devoir ramer tout seul.
Canyon	*symb.*	Voir Abysse
Cape	*symb.*	Signe de protection.
Capitaine	*symb.*	Élévation de statut, mais responsabilités accrues.
Capuchon	*symb.*	Mort.
Carré	*symb.*	Stabilité et soutien inconditionnel.
Carrefour	*symb.*	Il faudra bientôt prendre une importante décision.

Carrière *symb.* Ne négligez aucun effort pour découvrir la vérité.

cal. Un dur métier.

Carte *symb.* Le destin et le futur sont en jeu.
géographique

Cartes *symb.* Jouer aux cartes représente le jeu de la vie. Les cartes postales annoncent un message court sous peu.

Casino *symb.* C'est le moment de tenter votre chance.

Casque *symb.* Influence teutonique.

Castor *symb.* Travail intense et récompenses en proportion.

Cathédrale *symb.* Idéaux élevés.

Cave *symb.* Peur et sombres pensées. Le sous-sol de la Demeure de l'âme.

Caveau *symb.* Terribles restrictions qu'il faut lever au plus vite.

Caverne *symb.* L'inconscient. Personnalité introvertie. Prisonnier de ses propres réactions et attitudes.

Cèdre *symb.* Héritage celte.

Cellier *symb.* Réserves émotionnelles et mentales.

Cendres *symb.* Souvenir du passé.

Cercueil *symb.* Situation sans issue.

Cerf *symb.* Célibataire endurci, coureur de jupons.

Cerf-volant *symb.* Le succès finira par venir facilement.

Cerise *symb.* Tentation amoureuse.

Chaîne *symb.* Attache forte.

Chaise *symb.* Une chaise vide indique des influences cachées. Être assis sur une chaise indique un réconfort à venir.

Chambre *symb.* Choses personnelles et secrètes.

Chameau *symb.* Attendez-vous à voir quelque chose de surprenant.

Champ *symb.* Retour à la nature. Les choses simples de la vie.

Champignons *symb.* Connexions mystiques.

Chant	*symb.*	Message collectif qui apporte de bonnes nouvelles. Les ennuis passent.
Chants de Noël	*symb.*	Bonne et heureuse année en perspective.
Chapeau	*symb.*	Reconnaissance. Symbole de votre statut.
Charbon	*symb.*	Réserve de grande énergie et forces potentielles.
Charrue	*symb.*	Votre patience sera récompensée.
Chat	*symb.*	Un sens métapsychique.
	mét.	Un chat noir vous annonce de la chance.
Château	*symb.*	La Demeure de l'âme.
Chaton	*symb.*	Ambition potentielle.
Chaussures	*symb.*	Les mesures à prendre et celles qui l'ont déjà été.
Chaud	*symb.*	Excès d'énergie qu'il faut canaliser.
Chaux	*symb.*	Déguisement, camouflage.
Chemin de fer	*symb.*	La vitesse de la vie. Le chemin de la destinée.
Cheminée	*symb.*	Le foyer.
Chêne	*symb.*	Cœur fort. Influence druidique.
Chenil	*lit.*	La maison du chien.
	symb.	Attachement à la maison.
Cheval	*symb.*	La puissance et l'énergie qui vous guident.
Chevalier	*symb.*	Chevalerie et sentiments chevaleresques.
Cheveux	*symb.*	Puissance sexuelle.
Chèvre	*symb.*	Reconnaissez vos ennemis de vos amis.
Chien	*symb.*	Un ami.
Chine	*symb.*	Représente le bouddhisme.
Chœur	*symb.*	Inspiration religieuse et soutien.
Chou	*symb.*	Activité insuffisante. Vous végétez.
Chou-fleur	*symb.*	Prochaine amélioration des relations familiales.
Chouette	*symb.*	Sagesse féminine, sorcières blanches et la déesse Athéna.
Christ	*symb.*	Parfaite paix de l'esprit. Protection divine.

Chute	*lit.*	Première phase du sommeil.
	symb.	Insécurité. Peur de ne pas atteindre un but.
Cible	*symb.*	Un but à atteindre. Ne vous trompez pas d'objectif.
Cicatrice	*symb.*	Blessure émotionnelle ancienne guérie mais non oubliée.
Ciel	*symb.*	Paradis. Le succès ne connaît pas de limites.
Cigarette	*symb.*	Arrêtez tout! Vous avez besoin de vous détendre.
Cigogne	*symb.*	Nouvelle arrivée.
Cimetière	*symb.*	Toutes les adversités seront surmontées.
Cirque	*symb.*	Attention à ne pas tourner en rond.
	cal.	Désordre.
Ciseaux	*symb.*	Défaites-vous de toute attache inutile.
Clef	*symb.*	Indice pour résoudre un problème.
Clou	*symb.*	Associé à un effort signifie succès. Attention aux gênes venues de l'extérieur.
Clôture	*symb.*	Apprenez à connaître vos limites.
Clown	*symb.*	Prenez certaines situations plus au sérieux.
Coccinelle	*symb.*	Petit succès.
Cochon	*symb.*	Personne à qui l'on manque de respect.
Coiffeur	*symb.*	Méfiez-vous de toute action irréfléchie et de la perte d'énergie qu'elle entraînerait.
Colline	*symb.*	But ou ambition à atteindre.
Colombe	*symb.*	Besoin de sacrifice personnel. Paix d'esprit par la suite.
Comète	*symb.*	Méfiez-vous d'ennuis et de mésaventures qui approchent.
Concombre	*symb.*	Récupération d'une maladie.
Conférence	*symb.*	Attendez-vous à ce qu'on vous parle de façon condescendante ou méprisante.

Coq	*symb.*	S'il chante, attendez-vous à une victoire. Si plusieurs se battent, attendez-vous à des querelles familiales.
Corail	*symb.*	Attention en voyageant sur l'eau.
Corbeau	*symb.*	Influence mystique celte.
Corde	*symb.*	Fort attachement à une personne ou à un endroit.
Corne	*symb.*	Désirs et prouesses sexuelles.
Cou	*symb.*	Ne prenez pas de risque.
Coude	*symb.*	Dormir dans un lit inconnu.
Couleur	*symb.*	Chaque couleur représente une forme d'énergie différente.
Coup à la porte	*symb.*	Soyez aux aguets.
Coup de vent	*symb.*	Des temps meilleurs vous attendent. Vos soucis vont s'envoler.
Courir	*symb.*	Arrêtez et regardez la vérité en face.
Couronne	*symb.*	Gloire, succès et reconnaissance.
Course	*symb.*	Le rythme de la vie. Rivalité.
Cousin	*symb.*	Aide de la part de la famille ou d'un ami proche.
Couteau	*symb.*	Quand vous êtes frappé par un couteau, cela indique des ennemis.
Couture	*symb.*	Débrouillez-vous avec ce dont vous disposez pour l'instant.
Couverture	*symb.*	Protection étouffante.
Crabe	*symb.*	Attention : manœuvres secrètes et malfaisantes.
Crapaud	*symb.*	Le philosophe et sa pierre magique.
Crayon	*symb.*	Richesse, santé et discrétion.
Cristal	*symb.*	Mysticisme et guérison.
Crochet	*symb.*	Cessez de chercher à vous attirer des compliments. Signe de danger.
Crocodile	*symb.*	Attention : marchandage sournois.
Croissance	*symb.*	Amélioration de votre statut.
Croix	*symb.*	Protection. Signe archétypal du christianisme et des quatre éléments de

la création : eau, terre, feu et air.

Croix-Rouge *symb.* Signe de guérison.

Croque-mort *symb.* Faites le sale boulot vous-même.

Cruche *symb.* La vie vous réserve bien des surprises encore.

Cuillère *symb.* Besoin de prendre soin de vous-même.

Cuir *symb.* Signe matérialiste de manque de chance.

Cuisine *symb.* Les affaires domestiques.

Cuisiner *symb.* Mise en œuvre de plans.

Cyclone *symb.* Émoi et bouleversement.

Cygne *symb.* Le signe de la Déesse blanche.

D

Dague *symb.* Méfiez-vous de la traîtrise et des coups portés dans votre dos.

Danse *symb.* Prélude à l'acte d'amour.

Débarras *symb.* Débarrassez-vous de vos pensées absurdes.

Décapitation *symb.* Archétype rituel. Messages venus des anciens Celtes.

mét. Attention à ne pas perdre la tête. Conflit entre la tête et le cœur.

Déluge *symb.* Méfiez-vous des émotions qui vous dépassent et vous emportent.

Demeure *symb.* Une personne dans son ensemble, cœur, âme et esprit.

Dentelle *symb.* Amour secret.

Dents *symb.* Étapes de la vie qui sont associées aux changements survenant depuis la petite enfance jusqu'à la vieillesse.

Déplacement *symb.* Prenez les mesures requises pour amener un changement nécessaire dans votre vie.

Dérober *symb.* Faites amende honorable et faites-vous rapidement pardonner.

Descente *symb.* Baisse de niveau. Retour dans le passé.

Déshabillé	*symb.*	Vous risquez de révéler vos secrets si vous ne veillez pas à les dissimuler.
Dette	*symb.*	Karma en déficit. Réglez votre situation et reprenez vite le dessus.
Diable	*symb.*	Influences maléfiques.
Diamants	*symb.*	Votre "moi" tout entier, avec toutes ses facettes.
Dieu	*symb.*	Concept personnel du Créateur.
Digestion	*symb.*	Assimilation d'énergie. Besoin de matière à réflexion.
	lit.	Danger pour la santé.
Dinde	*symb.*	Ceux qui font le plus de bruit sont les plus ignorants.
Document	*symb.*	Méfiez-vous de problèmes légaux peu clairs.
Doigt	*symb.*	Habileté.
Douleur	*lit.*	Avertissement de douleurs et de problèmes physiques.
	symb.	Souffrance émotionnelle.
Dragon	*symb.*	Énergie terrestre. Archétype des forces terrestres.
Drapeau	*symb.*	Patriotisme. Esprit d'unité, de communauté.
Drogue	*symb.*	Attention : on vous égare, on vous dupe.

E

Eau	*symb.*	L'inconscient. Émotions sincères et profondes. Les eaux de la vie.
Échecs (Jeu)	*symb.*	Le pouvoir des dieux. Le jeu de l'évolution.
Echelle	*symb.*	Lien entre le conscient et l'inconscient.
Echo	*symb.*	N'imitez pas les agissements et les bizarreries des autres, pas plus que leurs idées.
Eclipse	*symb.*	Attention à ne pas faire de l'ombre à quelqu'un et à ce que personne ne vous en fasse.

École	*symb.*	L'école de la vie et toutes les leçons que l'on peut en tirer.
Effigie	*symb.*	Aimez, mais n'idolâtrez pas.
Église	*symb.*	Foi, espoir et charité. Demeure de l'Aine.
Électricité	*symb.*	Montée d'énergie.
Éléphant	*symb.*	L'aspect terrestre du "moi".
	mét.	La mémoire, un éléphant n'oublie jamais.
Elfe	*symb.*	Esprit de la nature. Messager des rêves.
Émeraude	*symb.*	Agissez avec prudence et respect. Puissante influence.
Encens	*symb.*	Augmentation de la sensibilité.
Enclume	*symb.*	Nouvelle amitié en vue. Augmentation de votre force physique.
Encre	*symb.*	Écrire à l'encre signifie que vous devez faire connaître vos idées avec précision. Une tache d'encre représente des ennuis dont vous êtes responsable.
Enfer	*symb.*	Avenir sombre.
Ensorcellement	*symb.*	Sous la domination d'une autre personne.
Enterrement	*symb.*	Fin d'une période de votre vie.
Entrailles	*symb.*	Divination et sorcellerie.
Enveloppe	*symb.*	Cachetée : dangers cachés. Ouverte : ce qui est évident sera révélé.
Épée	*symb.*	Signe de défense et d'attaque.
Équateur	*symb.*	État bien équilibré. Également : la ceinture, le tour de taille.
Équitation	*symb.*	Monter un animal, quel qu'il soit, montre la maîtrise d'une personne, d'un talent ou la victoire sur un handicap.
Escalier	*symb.*	Montée : ascension sociale, succès et reconnaissance. Descente : perte de confiance et chute personnelle.
Esprit	*symb.*	Fantôme du passé, souvenir ou manifestation d'un disparu.
Étoile	*symb.*	Une naissance.
Étroit	*symb.*	Pas d'autre solution que de continuer.

Évangile	*symb.*	L'appel de Dieu. Recherche de la vérité.
Évêque	*symb.*	Grandes pompes. Respect teinté de peur.
Expédition	*symb.*	Explorez toutes les possibilités. Fouillez dans les moindres recoins et ne ménagez pas vos efforts.
Explosion	*symb.*	Attendez-vous à un choc ou une soudaine surprise.

F

Fables	*symb.*	Mensonges.
Faillite	*symb.*	Faibles ressources physiques et mentales. Manque de toute énergie.
Faim	*symb.*	Besoin pressant de comprendre.
Falaise	*symb.*	Danger et obstacle.
Famine	*symb.*	Préparez-vous à des temps difficiles.
Fantôme	*symb.*	esprit d'une personne.
Faucon	*symb.*	Méfiez-vous d'un ennemi.
Fée	*symb.*	Messager des rêves de la Nature.
Fenêtre	*symb.*	Ce à quoi ressemble l'avenir. Les yeux de l'âme.
Fer	*symb.*	Force et endurance. Volonté.
Fer à cheval	*symb.*	Symbole de la déesse Lune. Bonne chance.
Ferme	*symb.*	Les affaires domestiques.
Ferry	*symb.*	Ne laissez pas les autres en faire trop pour vous.
Festin	*symb.*	Rendez grâce pour ce que vous avez.
Feu	*symb.*	Principe élémentaire. Passions et émotions.
Feu d'artifice	*symb.*	Excitation suivie de déception.
Feuille	*symb.*	Quand elle est sur un arbre, votre vie sera prospère. Quand elle est au sol: attendez-vous à des temps difficiles.
Figue	*symb.*	Choses gênantes.
Fil	*symb.*	Destin et karma.
File d'attente	*symb.*	La patience est une vertu.

Filet   *symb.*   Un piège existe quelque part, facilement visible.

Fille (parenté) *symb.*   Aspect féminin du "moi". Jeunesse éternelle.

Fille   *symb.*   Aspect féminin et jeune de votre "moi".

Film   *symb.*   Répétition du passé.

Fin du monde *symb.* Chute d'un empire personnel.

Flammes *symb.*   Passions et émotions incontrôlées.

Flèche   *symb.*   Amour imminent. Votre but est à portée de la main, alors visez bien et allez-y!

Fleurs   *symb.*   Accomplissement individuel. Potentiel en pleine croissance.

Floraison *symb.*   Bonheur et satisfaction, mais pas forcément permanents.

Flûte   *symb.*   L'instrument du dieu Pan. Vibrations magiques.

Foin   *symb.*   Succès dans votre vie amoureuse.

Foires   *symb.*   Superficialités. Bonheur et soulagement passagers.

Fontaine *symb.*   Source de renouveau. Les eaux de la vie. Guérison et jeunesse.

Forêt   *symb.*   Ne laissez pas les détails cacher l'objectif principal. Ne laissez pas les arbres cacher la forêt.

Forge   *symb.*   Permanence.

Forgeron *symb.*   Force physique. Messager des dieux.

Formes   *symb.*   Le langage de l'esprit.

Fossé   *symb.*   Barrière et protection.

Fossile   *cal.*   Personne démodée ou très vieille.

Fougère *symb.*   Remèdes naturels et la Mère Nature.

Franc-maçon *symb.*   Lointains amis inconnus.

Frère   *symb.*   Un partisan masculin.

Fruit   *symb.*   Récompense d'un dur travail.

Fumée   *symb.*   Message avertissant de l'arrivée d'un danger et d'ennuis.

Fumier   *symb.*   Recyclage de l'énergie. Richesse et abondance.

	cal.	Remarque désobligeante sur une personne.
Furet	*symb.*	Protection contre le vice.

G

Galop	*symb.*	Votre rythme de vie va s'accélérer.
Gants	*symb.*	Sécurité empreinte de sournoiserie.
Garage	*symb.*	Protection et mesures prises pour s'assurer que le destin est toujours sur la bonne voie.
Garçon	*symb.*	Jeunesse. Énergie curative.
Gare	*symb.*	Arrêtez-vous et réfléchissez avant de reprendre votre route.
Gargouilles	*symb.*	Gardiens du métapsychisme.
Gâteau	*symb.*	Satisfaction sexuelle.
	mét.	N'hésitez pas à faire ce qui vous tente.
Geai	*symb.*	Messager des dieux.
Géant	*symb.*	Personnalité écrasante. Sentiments d'infériorité.
Genou	*symb.*	Rencontre avec une personne importante.
Gingembre	*symb.*	L'épice de la vie.
Girafe	*symb.*	Ne soyez pas trop curieux.
Gitan	*symb.*	Ayez du respect pour les qualités inconnues.
Glace	*symb.*	Complet manque de sentiments.
Glaçon	*symb.*	Vos anxiétés vont bientôt fondre comme neige au soleil.
Gland	*symb.*	Grand potentiel pour l'avenir. Famille réunie.
Glissement	*symb.*	Perte de contrôle.
Gnome	*symb.*	Appartient à l'élément de la terre. Protecteur du foyer et des propriétés personnelles.
Golf	*symb.*	La vie se joue en solo. Handicaps.

Graines	*symb.*	De petits débuts peuvent donner naissance à de grandes choses pourvu que le moment soit judicieusement choisi.
Grains	*symb.*	Vous récoltez ce que vous avez semé.
Grange	*symb.*	Endroit où sont entreposées vos expériences dans la Demeure de votre âme.
Grèce	*symb.*	Mythes et mystères.
Grenade	*symb.*	Attention : situation dangereuse et explosive.
Grenier	*symb.*	Idéaux élevés. La plus haute pièce de la Demeure de l'âme.
Grenouille	*symb.*	Transformation de personnalité.
Grossesse	*symb.*	Des idées ont été conçues, mais seul le temps dira si elles aboutiront.
Guêpe	*symb.*	Attention : ennemis proches.
Guerre	*symb.*	Conflit et agression.
Guêtres	*symb.*	Excellent signe pour les amoureux.
Gui	*symb.*	Méfiez-vous d'une situation potentiellement dangereuse.

H

Hache	*symb.*	Discorde entre amis et connaissances.
Haddock	*symb.*	Bonne fortune.
Haie	*symb.*	Barrières et limites
Haillons	*symb.*	Une mauvaise situation peut être améliorée grâce à des efforts.
Haricot	*symb.*	Accroissement de votre force et richesse.
Harpe	*symb.*	Influence celte. Harmonie.
Hauteur	*symb.*	Il faut voir la vie d'un point d'observation élevé.
Hélicoptères	*symb.*	Idées et ambitions pratiques.
Hémorragie	*symb.*	Perte d'énergie.
Herbes	*symb.*	Besoin d'aide et de soins.
Hermite	*symb.*	Soyez plus renfermé.
Héron	*symb.*	Signes antiques. Hiéroglyphes.
Hippopotame	*symb..*	Forte influence émotionnelle.
Hiver	*symb.*	Époque calme et reposante.

Homard	*symb.*	Vous surmonterez votre timidité.
Homme	*symb.*	Dans un rêve de femme, il représente son "animus". Dans un rêve d'homme, il est un aspect indéfini de sa personne.
Hôpital	*symb.*	Hospice et hospitalité. Besoin de repos.
Hôtel	*symb.*	Perte d'identité personnelle.
Houx	*symb.*	Influence religieuse et sainte.
Huile	*mét.*	Mettez de l'huile dans les rouages.
	symb.	Ne mélangez pas deux principes ou deux points de vue.
Huître	*symb.*	Le monde.
Hutte	*symb.*	Concertation de pensée et d'efforts.

I

Iceberg	*symb.*	Méfiez-vous de ce qui est caché sous la surface.
Icône	*symb.*	Image sacrée de quelqu'un.
Idiot	*mét.*	Ne vous faites pas prendre pour un imbécile.
If	*symb.*	Rien ne peut modifier les choses telles qu'elles sont en ce moment.
Île	*symb.*	Isolement et fierté.
Image	*symb.*	Message littéral ou symbolique.
Imposteur	*symb.*	Soyez fidèle à vous-même.
Impuissance	*symb.*	Situation désespérée, incapacité à agir.
Inceste	*symb.*	Relation émotionnelle malsaine.
Infirmière	*symb.*	Besoin de guérison par vous-même.
Insectes (petits)	*symb.*	Contrariétés et petits ennuis.
Intestins	*symb.*	Soucis.
	lit.	Problèmes digestifs.
Invisibilité	*symb.*	Possibilités dissimulées.
Invité	*mét.*	Peut-être recevez-vous des anges sans le savoir.
Iris	*symb.*	Fleur représentant la déesse Iris, messagère des dieux.

Ivoire   *symb.*   Raffinement, mais attention de ne pas vous retrouver isolé.

Ivresse   *symb.*   Victime de votre propre exubérance.

J

Jade   *symb.*   Ne vous fiez pas à l'opinion des autres.

Jais   *symb.*   Cette pierre noire indique la venue de temps difficiles.

Jardin   *symb.*   Environnement individuel. Votre jardin d'éden personnel.

Jasmin   *symb.*   Qualités féminines.

Jaune   *symb.*   Le soleil viendra bientôt ainsi que l'allégement de vos fardeaux.

Jérusalem   *symb.*   Espoir éternel.

Jésus   *symb.*   Bénédiction divine et protection.

Jeu   *symb.*   Expériences de la vie.

Jeune   *symb.*   La vie et l'énergie laissent de l'espoir pour l'avenir.

Jeûne   *symb.*   Avertissement concernant votre santé.

Jockey   *symb.*   Personne qui bouge et change rapidement.

Jongleur   *symb.*   Revoyez vos projets.

Juge   *symb.*   Ne préjugez pas des situations et ne jugez pas les gens.

Jumeau   *symb.*   Il faut considérer les deux faces d'un même problème. Choses doubles en règle générale.

Jury   *symb.*   La majorité a toujours tort.

K

Kangourou   *symb.*   Personne difficile à cerner.

L

Labyrinthe   *symb.*   Il est essentiel de résoudre un certain mystère.

Lac	*symb.*	Navigation facile sur les eaux de la vie. Des temps meilleurs vous attendent.
Laine	*symb.*	Protection contre les attaques verbales de ce monde.
Lait	*symb.*	Chaleur humaine et soutien.
Laitue	*symb.*	Vos problèmes seront passagers et saisonniers.
Lanterne	*symb.*	Une lanterne suspendue est un signe d'avertissement, sinon c'est un signe d'accueil.
Larme	*symb.*	La ligne de séparation entre le bonheur et la tristesse est bien fragile.
Légumes	*symb.*	Nécessités de base que l'on néglige trop facilement.
Lessive	*symb.*	Oubliez le passé et recommencez. Tout sera pardonné.
	symb.	Un nouveau départ dans la vie.
Lettre	*symb.*	Nouvelles inattendues.
Lévrier	*symb.*	Tenez votre imagination en laisse.
Levure	*symb.*	Laissez la nature et le temps suivre leur cours.
Lézard	*symb.*	Personne qui peut avoir l'air dangereuse, mais qui ne l'est pas vraiment.
Licorne	*symb.*	Source de pureté, signe de virginité et symbole de croyances altruistes.
Lierre	*symb.*	Émotions et sentiments tenaces.
Lièvre	*symb.*	Une piste mystique.
Lion	*symb.*	Personne forte et courageuse.
Lit	*symb.*	Sexe et réconfort. Un lit en feu indique des problèmes conjugaux.
Livre	*symb.*	Tirez profit de l'expérience des autres.
Loup	*symb.*	Attention aux temps difficiles.
Lumière	*symb.*	Énergie spirituelle.
Lune	*symb.*	Contrôlez vos émotions. Retenez votre esprit.
Lunettes	*lit.*	Capacité de voir devant soi.
Lynx	*symb.*	Personne spirituelle et habile.

Lys   *symb.*   Le signe de la Sainte-Trinité.

M

Machine	*symb.*	Accélérez les communications avec ceux qui à écrire ont besoin d'aide.
Magasin	*symb.*	Choix et décisions difficiles. Vente d'idées à d'autres personnes.
Main	*symb.*	La main de Dieu. Le destin.
Maison	*symb.*	Demeure de l'âme.
Mal	*symb.*	Mauvaises influences destructrices.
Maladie	*lit.*	Méfiez-vous de problèmes de santé.
Malédiction	*symb.*	Besoin urgent de protection.
Malheur	*symb.*	Peur profondément enracinée qui a besoin d'être exprimée.
Manger	*symb.*	Besoin urgent d'accomplissement et de réconfort. Nourriture de l'âme.
Manteau	*symb.*	Protection contre le monde.
Marais	*symb.*	Difficultés et dangers cachés.
Marbre	*symb.*	Monuments érigés en mémoire du passé.
Marché	*symb.*	Choisissez avec circonspection, mais il vous faut choisir.
Marcher	*symb.*	Vos efforts vont porter leurs fruits. La destinée continue de s'avancer lentement, mais sûrement.
Mare	*symb.*	Heureux sentiments et émotions.
Marée	*symb.*	Flux et reflux des sentiments et émotions en raison de circonstances extérieures.
Marguerite	*symb.*	Signe d'amour et d'affection. Simple tendresse.
	cal.	Personne portant ce prénom.
Mariage	*lit.*	Un mariage.
	symb.	Union des contraires, mariage mystique.
Mariée	*symb.*	Pas encore initiée. Concepts ultraféminins.

Marin	*symb.*	Signe heureux qui apporte des changements positifs.
Marionnette	*symb.*	Attention: quelqu'un tire les ficelles.
Marraine	*symb.*	Protection et bienveillance.
Marteau	*symb.*	N'ayez pas peur d'insister pour vous faire entendre.
Martin-pêcheur	*symb.*	Un changement va bientôt survenir.
Martyr	*symb.*	Abnégation, autodestruction.
Masque	*symb.*	Attention aux tromperies.
Mât	*symb.*	Signe de direction et de voyages à venir.
Médecin	*symb.*	Figure d'autorité vers laquelle se tourner. Le guérisseur qui sommeille en vous.
Médecine	*symb.*	Rétribution.
Médium	*symb.*	Messager des rêves.
Melon	*symb.*	Les événements vont prendre une excellente tournure.
Mendiant	*symb.*	Demande de pardon.
Menottes	*symb.*	Vous avez les mains liées.
Mer	*symb.*	Voir Océan.
Mère	*symb.*	Instinct maternel, protection et compassion. Domination féminine.
	lit.	La mère.
Merle	*symb.*	Avertissement. Possessivité sur un territoire.
Messe	*symb.*	Guérison et augmentation d'énergie.
Métal	*symb.*	Royaume de la terre et des gnomes.
Météore	*symb.*	Puissant signe d'avertissement.
Microscope	*symb.*	Découvertes de peu d'importance.
Miel	*symb.*	Douceur et amour.
Miroir	*symb.*	Reflets du passé.
	symb.	La réponse exige une inversion de situations et de rôles.
Mobilier	*symb.*	Possessions matérielles et confort.
Moine	*symb.*	Messager des rêves. Altruisme.
Moineau	*symb.*	Gamin de la rue. Gavroche.
Moisson	*symb.*	Triomphe et succès au bout du compte.

Monde	*symb.*	Les occasions existent, mais il faut travailler pour les faire survenir.
Montagne	*symb.*	Un but difficile à atteindre.
Montre	*symb.*	Le temps continue sa progression. Ne perdez pas une minute.
Mort	*symb.*	Fin d'une période de votre vie. Vous tournez une page.
Moteur	*symb.*	L'énergie qui vous motive et vous fait avancer.
Motocyclette	*symb.*	Destin. La vie s'accélère considérablement.
Mouchoir	*symb.*	Adieux et tristesse.
Moulin	*symb.*	À eau ou à vent, ils indiquent une vie paisible.
Moutarde	*symb.*	Rien n'est impossible.
	cal.	Elle peut vous monter au nez.
Mouton	*symb.*	Soyez individualiste et fidèle à vous-même.
Munitions	*symb.*	Preuve dangereuse qui détruit vos arguments.
Mur	*symb.*	Obstacle qui vous empêche de bien voir la situation.
Mûres	*symb.*	Échecs. Association à des forces négatives.
Musée	*symb.*	Vieux souvenirs et vieux amis.
Musique	*symb.*	Une musique harmonieuse lie le corps et l'âme. Une musique désagréable détruit la paix de l'esprit.

N

Nager	*symb.*	La vie est une lutte, mais on peut gagner en n'essayant pas de nager à contre-courant.
Naissance	*symb.*	Nouveau départ dans la vie. Essayez encore.
Neige	*symb.*	Purification.
Nez	*symb.*	Les amis se rassembleront si nécessaire.

Nid	*lit.*	Le foyer.
	symb.	Protection contre l'agressivité du monde.
Nièce	*symb.*	Soutien familial féminin.
Noël	*symb.*	Détendez-vous et appréciez l'instant présent.
Nœud	*symb.*	Émotions délicates et embrouillées qui ont besoin d'être tirées au clair.
Noir (personne)	*symb.*	Apport de richesse et d'animation dans votre vie.
Noir	*symb.*	Situation et état d'esprit négatifs. Dépression. Néant.
Noix	*symb.*	Formidable potentiel pour l'avenir.
	symb.	Pas de manque, mais pas de luxe non plus.
Nombres	*symb.*	Dates, anniversaires, événements passés et futurs.
Nord	*symb.*	Dieu nordique. Influence teutonique.
Nouvel An	*symb.*	Renaissance. Nouveau départ plein d'espoir pour l'avenir.
Noyade	*symb.*	Émotions et pressions trop fortes qui emportent le sujet.
Nu	*symb.*	Sentiment de culpabilité. La vérité entière.
Nuit	*symb.*	Moment de détente et de repos.
Nymphe	*symb.*	Esprit de la nature et messager des rêves.

O

Obscurité	*symb.*	Vous êtes dans l'obscurité quant à une situation. Dépression.
Observatoire	*symb.*	Cherchez une réponse bien au-delà de la situation présente.
Océan	*symb.*	Vaste potentiel émotionnel, en bien ou en mal.

Œillet	*symb.*	Renaissance comme en réincarnation. Nouveau départ.
Œuf	*symb.*	Amélioration financière. Espoir pour le futur.
Officier	*symb.*	Attendez-vous au respect et à une amélioration de votre statut social.
Ogre	*symb.*	Peur irraisonnée.
Oie	*symb.*	Avoirs et capitaux.
	cal.	Personne un peu niaise.
Oignon	*symb.*	Influence curative et environnement protecteur.
Oiseaux	*symb.*	Idéaux élevés. Inspirations et messages de l'au-delà et des morts.
Olive	*symb.*	La Terre Sainte.
Ombre	*symb.*	Les possibilités latentes de l'individu.
Oncle	*symb.*	Ami sûr et capable en temps de besoin.
Opale	*symb.*	Attention : circonstances malheureuses.
Opération	*symb.*	Empiétement sur votre intimité.
Opium	*symb.*	Attention à ne pas vous faire tromper.
Or	*symb.*	Signe de perfection.
Orange	*symb.*	Soleil, joie et bonne santé.
Orchestre	*symb.*	Restez en harmonie avec votre entourage.
Orchidée	*symb.*	Amour passionné.
Ordinateur	*symb.*	Le cerveau.
Oreilles	*symb.*	Restez à l'écoute des bonnes nouvelles, mais méprisez les commérages.
Orge	*symb.*	Représentation de votre état de santé.
Orgue	*symb.*	Influence religieuse.
Os	*symb.*	Principes de base.
Ouest	*symb.*	Atlantide et espoir pour l'humanité.
Ours	*symb.*	La Russie. La Terre Mère. Une force qui vous dépasse.
Ovni	*symb.*	Quête individuelle du Saint-Graal. Potentiel métapsychique personnel.
Oxygène	*symb.*	Pensées inspirées. Vitalité.

P

Page	*symb.*	Équilibre entre la mer et la terre, la tête et le cœur.
Paille	*symb.*	Le réconfort est essentiel à l'accomplissement de tout objectif.
	cal.	Attention à ne pas vous y retrouver.
Pain	*cal.*	Matière à réflexion. Pain de la vie. Partage avec les autres.
Pamplemousse	*symb.*	Besoin de nourriture saine et purification physique.
Panier	*symb.*	Réceptacle de l'esprit qui contient la bonne volonté envers les autres.
Paon	*symb.*	Attention: méfiez-vous des vantards.
Papillons	*symb.*	Amour. Bonheur et invitations intéressantes.
Papillon de nuit	*symb.*	Bonheur la nuit.
Paquet	*symb.*	Une surprise.
Parachute	*symb.*	Fuite possible, mais dangereuse.
Paradis	*symb.*	Le désir du cœur.
Paralytique	*symb.*	Apportez de l'aide à quiconque en a besoin.
Parapluie	*symb.*	Abritez-vous des tempêtes de la vie.
Parents	*symb.*	Attributs hérités et qualités inférieures.
Parfum	*symb.*	Suivez votre odorat.
Pari	*symb.*	Tentez votre chance, mais préparez-vous à un échec.
Parrain	*symb.*	Protection et bienveillance.
Pays étranger	*symb.*	Expérience inhabituelle à l'étranger. Probabilité de voyage.
Pêche	*symb.*	Souvenirs doux-amers.
Pelouse	*symb.*	Cultivez une nature calme.
Pendaison	*symb.*	Solitude.
Pendule	*symb.*	Il est plus tard que vous ne pensez.
Perdu	*symb.*	Insécurité. Incertitude, absence de projets pour l'avenir.

Père *lit.* Le père.

     symb. Principes masculins, autoritaires.

Perles *symb.* Les larmes de la déesse de la Lune. La tristesse.

Perroquet *symb.* Commérage répété, sans valeur.

Persil *symb.* Domination féminine.

Petit *symb.* Action de grâces. déjeuner

Petits pois *symb.* Il vous faudra très bientôt faire un choix difficile, mais nécessaire.

Phare *symb.* Une Demeure de l'âme capable de résister aux plus violentes tempêtes de la vie.

Photographie *symb.* Essayez de garder vos comparaisons et souvenirs secrets.

Piano *symb.* Moyen de communication.

Pie *symb.* Situation indécise où se mêlent le positif et le négatif, le noir et le blanc.

Pièce *symb.* L'une des pièces de la Demeure de l'âme et donc l'un des aspects de votre personnalité.

Pièces *lit.* Amélioration financière sous peu.

     symb. La richesse de l'expérience apportera de durables bénéfices.

Pied *symb.* Fondation et équilibre de la vie.

Pieds nus *symb.* Avancez avec prudence face à vos difficultés.

Pierre *symb.* Vous faites un bilan.
tombale

Pierres *symb.* Propriété des gnomes; laissez-les en paix. Ne dérangez pas le cours de la nature.

Pigeon *symb.* Ambiance de ville et de campagne.

     cal. Personne naïve.

Pilier *symb.* Vous allez recevoir du soutien.

Pin *symb.* Oracle celte.

Pingouin *symb.* Vous allez rencontrer des difficultés.

Planète	*symb.*	Tout est possible. Vous pouvez atteindre toutes vos ambitions et tous vos objectifs.
Plantes	*symb.*	La vie elle-même. Baromètres de santé et d'environnement.
Plastique	*symb.*	Émotions artificielles. Pensées fragiles.
Pluie	*symb.*	Elle lave vos peurs, vos angoisses et vos soucis. Vous retrouvez votre énergie.
Plumes	*symb.*	Les bonnes choses de la vie.
Poireau	*symb.*	Comme les oignons, le poireau est un signe de bonne santé.
Poisson	*symb.*	Christianisme. Soutien de l'âme.
Police	*symb.*	Autorité. Maintien de l'ordre.
Pommade	*symb.*	Baume curatif.
Pomme	*symb.*	Potentiel de guérison. Manger une pomme vous avertit des conséquences de vos actes. Appétit sexuel.
Pommes de terre	*symb.*	Réactions terre à terre à des problèmes terre à terre.
Pont	*symb.*	Facteur de lien.
Porcelaine	*symb.*	Besoin de précaution dans la vie domestique.
Port	*symb.*	Un abri contre les tempêtes que réserve la vie.
Portail	*symb.*	Accès à d'autres dimensions.
Porte à tambour	*symb.*	Vous avez raté de bonnes occasions dans le passé.
Portefeuille	*symb.*	Version masculine du sac à main. Croyances personnelles et pensées intimes.
Poule	*symb.*	Poule noire : sacrifice personnel. Poule blanche : succès. (Voir Poulet)
Poulet	*symb.*	Ambitions frustrées et projets difficiles à démarrer.
Poussière	*symb.*	Le passé revient au galop.
Poux	*symb.*	Prenez davantage soin de votre apparence extérieure.

Prière   *symb.*   Secours imminent.

Primevère   *symb.*   Affaires de cœur qui ont besoin d'attention.

Printemps   *symb.*   Un nouvel espoir va jaillir.

Prison   *symb.*   Les règles et restrictions que vous vous imposez vous freinent.

Professeur   *symb.*   Le maître et le gourou qui sont en vous.

Prune   *symb.*   Vous ferez le bon choix. Des améliorations sont à attendre.

Puits   *symb.*   Profondeur des sentiments. Source d'inspiration.

Pyramide   *lit.*   Influence égyptienne.

         symb.   Commencez en bas et remontez jusqu'au sommet.

Python   *symb.*   Signe de la Pythie, prêtresse grecque et interprète des rêves.

Q

Quai   *symb.*   Faites tout ce que pouvez avant que la tempête n'éclate.

Quatuor   *symb.*   Les quatre éléments de la nature. Les quatre facettes de la vie.

R

Rabbin   *symb.*   Influence de l'Ancien Testament. Message judaïque.

Racine   *symb.*   Stabilité, confiance et force.

Radeau   *symb.*   Attention à ne pas vous laisser isoler et entraîner sur des eaux agitées.

Radio   *symb.*   Influences extérieures. Messages télépathiques.

Raisin   *symb.*   Richesse et abondance.

Rame   *symb.*   Effort personnel.

Ramoneur   *symb.*   Mariage et bonheur conjugal.

Rayons X   *symb.*   Des forces cachées sont à l'œuvre. Attendez-vous à des changements.

Recette   *symb.*   Ordonnance pour vous remettre d'aplomb.

Reine   *symb.*   La mère supérieure. La déesse Vénus.

Religieuse   *symb.*   Compassion et sacrifice personnel.

Reptile   *symb.*   Personne méchante, mais qui manque de chance.

Réservoir   *symb.*   Réserve d'énergie personnelle, physique ou psychique.

Restaurant   *symb.*   Besoin de nourriture et de soutien pour l'âme et l'esprit.

Réveil   *symb.*   Se réveiller dans un rêve signifie que vous allez bientôt vous éveiller à vous-même.

Rhinocéros   *symb.*   Symbole sexuel traditionnel, mais aussi bonne protection.

Richesse   *symb.*   Sagesse accumulée à partir de votre expérience.

Rideau   *symb.*   Obstacle qui empêche de voir au loin.

Rime   *symb.*   Le rythme de la vie détient le secret.

Rire   *symb.*   Ne riez que de vous-même.

Rivière   *symb.*   Le cours des eaux de la vie. Le destin.

Riz   *symb.*   Bonnes nouvelles à la maison.

Roi   *symb.*   Protecteur, gardien et plus haut principe masculin.

Romance   *symb.*   L'amour et la romance refleuriront dans votre vie.

Romarin   *symb.*   Souvenirs.

Roses   *symb.*   Messages d'amour.

Rossignol   *symb.*   Amour et romance dans l'air.

Roue   *symb.*   Vous risquez de tourner en rond. Le temps.

Rouge   *symb.*   Énergies essentielles qui comprennent le sexe, l'ambition, la colère et les forces curatives.

Rouge-gorge   *symb.*   Message d'un être cher, maintenant disparu.

Route	*symb.*	La route de la vie avec tout ce que l'on rencontre en chemin.
Royauté	*symb.*	Si vous êtes au côté d'un membre d'une famille royale : compréhension des forces naturelles et rôle que vous jouez dans l'ordre des choses.
Ruche	*symb.*	Activité, action et travail en équipe.

S

Sable	*symb.*	Problèmes et ennuis, mais de courte durée.
Sables mouvants	*symb.*	Attention: danger devant.
Sabot de cheval	*symb.*	Méfiez-vous des tricheurs et des menteurs.
Sac à main	*lit.*	Possessions personnelles.
	symb.	Idées et opinions personnelles.
Sacrifice	*symb.*	Faites un sacrifice personnel.
Saint	*symb.*	Ange gardien et protecteur.
Salade	*symb.*	Retour à la nature et à la simplicité. Évitez les complications.
Sang	*symb.*	Énergie métapsychique.
Sanglier	*symb.*	Personne particulièrement obtuse.
Saphir	*symb.*	Utilisez la discrétion et la bienséance.
Satellite	*symb.*	Attention à ceux qui vous entourent.
Sauge	*symb.*	Pensées curatives.
Saule	symb.	Problèmes familiaux associés à une tristesse et à une déception temporaire.
Saumon	symb.	Le poisson sacré des Celtes.
Saut	*symb.*	Manque de continuité.
Sauterelle	*symb.*	Ne tirez pas de conclusions hâtives.
Scarabée	*symb.*	Influences mystiques.
Scène (théâtre)	*symb.*	La scène de la vie. Apparence telle que les autres la voient.
Scientifiques	*symb.*	Laissez votre cœur vous guider autant que votre tête.
Sein	*symb.*	Frères de lait. Relation étroite.

Séisme	*symb.*	Attention : perturbations et changements en vue.
Sel	*symb.*	La terre en tant qu'élément.
Selle	*symb.*	Attention aux engagements qui vous lient trop.
Serpents	*symb.*	Représentent l'énergie physique, psychique et spirituelle. Donc impulsions sexuelles, ambitions, émotions et guérison.
Serrure	*symb.*	Vous affronterez un obstacle, sauf si la clef est dans la serrure.
Serveur	*symb.*	Aidez les autres.
Sexe	*lit.*	Accomplissement du désir.
	symb.	Déguisement d'une activité délictueuse.
Sifflet	*symb.*	Signal vous donnant le temps de réagir avant que les ennuis ne surviennent vraiment.
Singe	*symb.*	Attention : régression personnelle ou de votre situation. Personnage sournois, mais amusant.
Sirène	*symb.*	Un élément de l'eau. Symbole d'un amour irréalisable.
Sœur	*symb.*	Aspect féminin en général.
Soie	*symb.*	Richesses et luxe. Influence chinoise.
Soir	*symb.*	Vieillesse.
	lit.	Heure convenue.
Soldat	*symb.*	Guerre en dedans et en dehors. Attention!
Soleil	*symb.*	Don de Dieu à l'humanité. Source de tout réconfort et soutien.
Sorcière	*symb.*	Désillusion quant aux gens et aux situations.
Sort (jeté)	*symb.*	Mauvaise influence venue de quelqu'un ou de quelque part.
Souci (la fleur)	*symb*	Symbole de la Déesse Mère.

Souffle	*lit.*	Souffle court : attention, problème de santé.
	symb.	La force de la vie.
Sourire	*symb.*	Signe peut-être superficiel, seul l'avenir le dira.
	symb.	Vous ne vous en tirerez pas comme ça!
Souris	*symb.*	Adoptez un profil bas pendant quelque temps au moins.
Sous-sol	*symb.*	Endroit où sont dissimulées vos peurs et angoisses dans la Demeure de votre âme.
Squelette	*symb.*	Cherchez la cause et ne vous laissez pas rebuter par les effets.
Statue	*symb.*	Sentiments et émotions figés.
Stylo	*symb.*	Bonheur sexuel.
	mét.	La plume est plus forte que les armes.
Sud	*symb.*	Les dieux du Sud. Le meilleur de la vie et de la joie.
Suffocation	*symb.*	Avertissement concernant votre santé.
Suicide	*symb.*	Culpabilité, autopersécution et autodestruction.
Surdité	*symb.*	L'ignorance, c'est le bonheur.
	mét.	Il n'est pire sourd que celui qui ne veut pas entendre.
Svastika	*symb.*	Ancien signe de pouvoir.

T

Table	*symb.*	Un autel sur lequel reposent croyances, accomplissements et espoirs.
Tambour	*symb.*	Message exigeant une compréhension spéciale et beaucoup d'attention.
Tapis	*symb.*	Conscience élevée.
Tapotement	symb.	Entendre un tapotement signifie qu'un contact important a été établi.
Tarentule	symb.	Attention à ne pas être votre pire ennemi.

Tasse	symb.	La fontaine de la vie contient les eaux de la vie.
Taupe	symb.	Mettez-vous à l'abri en attendant que le danger s'éloigne.
Taureau	symb.	Personne en colère. Force brute.
Taxi	symb.	Utilisez toutes les aides possibles, même si cela coûte cher.
Téléphone	symb.	Écoutez les autres, mais ne suivez pas forcément leurs conseils.
Télescope	symb.	Vous voyez loin, mais tout n'est pas encore clair.
Télévision	symb.	"Rediffusion" de certains événements de votre vie.
Temple	symb.	Retraite privée où l'on fait les rêves.
Terre	symb.	Principe élémentaire. Réconfort de la Grande Mère. Principes vitaux essentiels.
Tête	sumb.	Intellect, logique et connaissance.
Thé	symb.	Amitié pure, du moins pour le moment.
Tigre	symb.	Levez-vous et un peu d'énergie!
Tiroirs	symb.	Compartiments de l'esprit. Esprit bien organisé.
Tissage	symb.	Le schéma de la vie tissé dans le temps et l'espace.
Toile	symb.	Attention aux pièges tendus par la vie, il sera d'araignée difficile d'en sortir.
	mét.	Faites le ménage dans votre esprit.
Toilettes	symb.	Besoins élémentaires de la vie. Élimination de souvenirs et d'expériences indésirables.
Toison	symb.	Personnalité déguisée.
	cal.	Attention à ne pas vous faire tondre.
Tombe	symb.	Ne vous laissez pas aller à la soumission émotionnelle.
Tonneau	*symb.*	Sécurité financière.
Tonnerre	*symb.*	Avertissement donné de la voix des dieux.

Tortue	*symb.*	Oracle. Des coïncidences vous révéleront la bonne réponse.
Tour	*symb.*	Grandes ambitions qui pourraient bien devenir irréalistes.
Tournesol	*symb.*	Un vieil ami, toujours bienvenu.
Train	*symb.*	Voyage individuel et collectif à travers la vie. Voyages entre des scènes et des événements.
Traîneau	*symb.*	Réaction rapide, mais manque de contrôle.
Trésor	*symb.*	Inventions personnelles et idées originales.
Triangle	*symb.*	Stabilité et protection.
Tricoter	*symb.*	Union.
Trou	*symb.*	Piège caché.
Troupeau	*symb.*	Soyez individualiste.
Tuer	*symb.*	Suppression d'une caractéristique inacceptable du "moi".
Tunnel	*symb.*	Le présent est étroit et limité, mais la lumière est au bout du tunnel.

U

Uniforme	*symb.*	Respect infondé pour l'autorité.
Université	*symb.*	Ancien lieu d'apprentissage dans la tradition occidentale.
Urine	*symb.*	Expression d'un soulagement après une période de tension.
Urne	*symb.*	Tu es poussière et tu retourneras à la poussière. Un esprit va bientôt se réincarner dans une famille.
Usine	*symb.*	Pensées communes, répétitives.

V

Vacances	*symb.*	Vous pouvez être fier de vous.
Vaccination	*symb.*	Initiations et expériences de la vie.
Vache	*symb.*	Une personne bovine.

Vallée *symb.* Il y a peu de choix en ce moment, mais au moins la route est ouverte à défaut d'être large.

Vampire *symb.* Personne qui épuise les autres et les vide de leur énergie.

Vautour *symb.* Un concurrent prêt à tout attend son tour pour prendre sa part.

Veau *symb.* Vous finirez par réussir.

Vélo *symb.* Succès attribuable à un effort physique. Travail pour l'accomplissement de son destin.

Velours *symb.* Attention à ce qui se cache sous la surface.

mét. Attention aussi à la main de fer dans le gant de velours.

Venaison *symb.* Quelqu'un s'élève au-dessus de son statut.

Vent *symb.* L'air en tant qu'élément. Attention aux indiscrétions et aux commérages.

Vente *symb.* Augmentation de richesse.

Ventriloque *symb.* Vérifiez au mieux certaines sources d'in formation.

Ver *symb.* L'énergie de la terre. Les mystères de la terre.

Verger *symb.* Le jardin d'éden. Tentation et excès.

Verre *symb.* Influence celte.

Vert *symb.* Sérénité et pensées équilibrées.

Vêtement *symb.* Personnalité, façade et caractère montrés aux autres.

Viande *symb.* Manger de la viande indique qu'un besoin essentiel n'est pas satisfait. En préparer pour les autres est signe de générosité.

Vicaire *symb.* Signe d'orthodoxie religieuse.

Vieil homme *symb.* La partie de vous qui est sage et a de l'expérience.

Vieille femme *symb.* La part intuitive et compatissante de votre personnalité.

Vigne	*symb.*	Héritage spirituel.
Village	*symb.*	Il existe déjà de bonnes fondations, mais ce n'est encore qu'un début.
Vin	*symb.*	Bonne santé, bonheur et prospérité.
Vinaigre	*symb.*	Ne vous y trompez pas, tout est pour le mieux.
Viol	*symb.*	Évitez tous ceux qui vous causent la moindre peur ou le plus petit souci.
Violettes	*symb.*	Fleurs de l'esprit.
Violon	*symb.*	On peut être sûr de l'arrivée d'une harmonie des émotions.
Vipère	*symb.*	Énergies mal placées. Proximité d'une personne dangereuse.
Visages	*lit.*	Impressions hypnagogiques.
	symb.	Personnalités.
Voile	*symb.*	La vérité est là, mais il faut la mettre à nu.
Voisin	*symb.*	Soi-même.
Volcan	*symb.*	Attendez-vous à une explosion d'émotions à tout instant.
Voler	*symb.*	Projection astrale. Capacité à vous élever au-dessus des problèmes matériels.
Voleur	*symb.*	Peur et insécurité.
Vomir	*symb.*	Une cause désagréable disparaîtra prochainement.
Voyage	*lit.*	Voyage et changement.
	symb.	Destin.

X

Xylophone	*symb.*	Restez en harmonie avec la vie et les autres.

Y

Yeux	*symb.*	Fenêtres de l'âme. Vision psychique.

Z

Zèbre	*symb.*	Les chances de réussite sont de cinquante pour cent.
Zodiaque	*symb.*	Gloire et fortune sont en jeu.
Zoo	*symb.*	Le monde, peuplé de tous les différents caractères et tempéraments de l'espèce humaine.